अमर कुशवाहा

अमर कुशवाहा का जन्म सन् 1985 में उत्तर प्रदेश के सिद्धार्थ नगर जिले के गौरी नामक गाँव में हुआ। वहीं से इंटरमीडिएट करने के बाद, आगे की पढ़ाई के लिए गोरखपुर चले गए। गोरखपुर विश्वविद्यालय से गणित, रसायन विज्ञान एवं औद्योगिक रसायनशास्त्र से स्नातक किया। 2011 में भारतीय प्रशासनिक सेवा में उनका चयन हुआ। प्रशिक्षण के उपरान्त 2014 से तमिलनाडु के विभिन्न जिलों में अनेक पदों पर कार्यरत रहे। 2022 में तमिलनाडु के तिरुपत्तूर जिले में जिलाधिकारी के रूप में तमिल साहित्य के विकास और युवाजन को साहित्य से जोड़ने के लिये 'तिरुपत्तूर लिटरेचर फेस्टिवल' की शुरुआत की।

वे कवि, कहानीकार और उपन्यासकार भी हैं। 2018 में उनका पहला उपन्यास 'पिघलती धूप में साये' प्रकाशित हुआ। www.amarkushawhaias.blogspot.com उनका ब्लॉग है जहाँ वे अपने लेख, कविता एवं विचारों के साथ सक्रिय हैं।

सम्प्रति : चेन्नई में सहकारिता, खाद्य एवं उपभोक्ता संरक्षण विभाग में अतिरिक्त सचिव पद पर कार्यरत।

ई-मेल : amar.kushwaha007@gmail.com

अँधेरे से बाहर निकलते हुए

अमर कुशवाहा

राधाकृष्ण पेपरबैक्स

राधाकृष्ण पेपरबैक्स में
पहला संस्करण : 2025

राधाकृष्ण पेपरबैक्स : उत्कृष्ट साहित्य के जनसुलभ संस्करण

राधाकृष्ण प्रकाशन प्रा. लि.
जी-17, जगतपुरी
दिल्ली-110 051
द्वारा प्रकाशित

शाखाएँ : अशोक राजपथ, साइंस कॉलेज के सामने, पटना-800 006
पहली मंजिल, दरबारी बिल्डिंग, महात्मा गांधी मार्ग, प्रयागराज-211 001
1, अनमोल सोराबजी संतुक लेन, धोबी तलाव, मरीन लाइंस, मुम्बई-400 002
वेबसाइट : www.radhakrishnaprakashan.com
ई-मेल : info@radhakrishnaprakashan.com

विकास कंप्यूटर एंड प्रिंटर्स
ट्रॉनिका सिटी-201 102
द्वारा मुद्रित

मूल्य : ₹299

ANDHERE SE BAHAR NIKALATE HUYE
Poems by Amar Kushwaha

ISBN : 978-93-48157-91-1

माँ-पिताजी को समर्पित

जिनसे मैं हूँ, मेरे भाव हैं, और मेरा संसार है!

क्रम

आत्म-चेतना का सहज कवि

कवि और कविता के दृश्यों-परिदृश्यों एवं अस्तित्व का विषय प्राचीन समय से ही विश्व साहित्य का प्रिय विषय रहा है। कोयल की कूक, फूलों की मुस्कान, अन्तर्मन के प्रेम की उमंग एवं हृदय के मादक स्पंदन की हर भाव-भंगिमा को पहचानने की दृष्टि कविता ही तो देती है। कविता मात्र गठे शब्द-चित्रों का समुच्चय ही नहीं, ऊसर को उर्वर बनाने की आत्म-चेतना भी है। व्यक्ति को सर्वोत्तम की ओर अग्रसर करते हुए मन-मस्तिष्क को नवीन चेतना से अलंकृत करने की शक्ति भी है, जीवन-यात्रा को एक शुभलोक की ओर मार्गान्तरित करने की योजना भी है। यही नहीं कविता यात्रा-पथ के संघर्षों पर धार लगाती है, अत्याचार-अनाचार एवं क्रूरता के विरुद्ध प्रतिरोध एवं क्रान्ति का शंखनाद भी है। समग्रत: किन्हीं भी बन्धों-उपबन्धों में नहीं बँधनेवाली कविता समस्त जीवन-बिम्बों की प्रस्तोता-साक्षी एवं उपभोक्ता है।

काव्य सृजन मर्म के तत्त्वों पर चिन्तन-क्रम में साहित्य-मनीषियों द्वारा कवि और कविता के दो रूप प्राप्त होते हैं। प्रथम—प्रकृतिगत, द्वितीय—अभ्यासगत। मन-मस्तिष्क में काव्य के प्राकृतिक विस्फोट की स्थिति में अनपढ़ कबीर की अनगढ़ कविता का जन्म होता है। बिना काव्यशास्त्र के अध्ययन, ज्ञानार्जन एवं अभ्यास के और बिना किसी शिल्पगत विधान के कविता प्रागट्य की यह सहज स्थिति किसी भी व्यक्ति के कवि हो जाने की सहज स्थिति है। जीवन में कविता के घटित होने की यह सहज स्थिति अखिल विश्व में कहीं भी देखी जा सकती है।

अमर कुशवाहा इसी सहज स्थिति के कवि हैं। 'अँधेरे से बाहर निकलते हुए' इनका प्रथम कविता-संग्रह है। आकार में बड़ी न होते हुए भी इनकी कविताएँ बड़ी

कविताओं की प्रतीति देती हैं। अपने समय एवं समाज को कविता में प्रतिबिम्बित करता कवि तुकबन्दियों के मोह में न पड़ते हुए व्यक्ति के अन्तर्जीवन को सीधे-सीधे अभिव्यक्त करते हुए कविता को एक नई संवेदना से लैस करता है। बिना किसी भटकाव के वह जानता है कि उसे क्या लिखना चाहिए, क्या नहीं लिखना चहिए। पंक्तियाँ द्रष्टव्य हैं—

सुबह का बदलाव
साँझ का परिवर्तन
बीच में बिखरे समय का
आभामंडल
अनादि का अन्त से
अन्त का अनादि से
कि समय
सदा गतिशील।

अपनी जमीन, अपनी जिन्दगी, अपनी संघर्ष-स्थितियों की कथा कहतीं ये कविताएँ मानवीय संवेदनाओं को एक नई दृष्टि ही नहीं देतीं, वरन् कविता के माध्यम से संस्कारित होने का पक्ष भी प्रस्तुत करती हैं। समाज की यांत्रिकता, बाजारूपन एवं व्यक्ति के संवेदनहीन होते जाने की समस्या को उकेरती ये कविताएँ विकासशील भारत के एकपक्षीय विकास को ही रेखांकित नहीं करतीं, अपितु जीवन से साहित्य एवं संस्कृति के लुप्त हो जाने पर चिन्ता भी प्रकट करती हैं—

इतने सारे ख्वाबों में
भारत कहीं खो गया है
बस जाग रही हैं लाशें
इनसान कहीं खो गया है
शब्दों के चक्रव्यूह से
अब निकल जाने दो इन्हें
इन्हीं शब्दों के जाल में
उलझकर रह गई
इनकी पीढ़ी-दर-पीढ़ी।

इस कवि की कविता के विषय एवं सृजन-स्रोत मात्र कल्पना, नास्टेल्जिया अथवा हवाई उड़ानें नहीं हैं; स्मृति, पुराण, उपनिषद् अथवा संस्कृत काव्यों-महाकाव्यों के हृदयग्राही स्थलों के संयोजन, पुन: संयोजन भी नहीं हैं; प्राचीन प्रतीकों, मिथकों के आवर्तन-प्रत्यावर्तन अथवा नवसृजन भी नहीं हैं, यथार्थ की भाव-भूमि पर रचित ये समस्त कविताएँ समाज के आन्तरिक द्वंद्व की कविताएँ हैं, समकालीन समाज की विडम्बनाओं, व्यथा, वेदना एवं टीस की कविताएँ हैं, समाज के सुख-दु:ख की कविताएँ हैं। कवि की मैत्री मानव से ही नहीं, वरन् नदी-नालों और पगडंडियों से भी है, उनकी उठती-गिरती स्थितियों से भी है—

एक लम्बे अरसे से
राह ताकती हैं पगडंडियाँ
बगल के खेतों ने अकसर
उन्हें बिलखते देखा है

मैं सुनहरा हो गया था
उन्हीं में लोट-लोटकर
पर
अब वहाँ, लौट नहीं पाता।

अच्छी कविता के स्वरूप, सार्थकता एवं समाज में कविता की भूमिका सदृश बिन्दुओं पर बहस अति प्राचीन है। रसेल, बर्नार्ड, इलियट, गांधी, शुक्ल, निराला सदृश अनेक विद्वानों ने इस विषय पर अपने प्रखर विचार व्यक्त किए हैं। समस्त महानुभावों ने अनुभव की भूमि से उपजी कविता को ही सार्थक कविता मानते हुए कविता के संस्कारों के मानक तय किए हैं। प्रस्तुत कविताओं में कवि के कविता-लोक में गाँव-घर, खेत-खलिहान, रास्ते-पगडंडियाँ, भूख-बेरोजगारी एवं इन तत्त्वों को अपनी गिरफ्त में लेती बाजारू प्रवृत्तियाँ हैं। अपने गाँव-घर, नदी-नालों, तालाब-पोखर के मार्मिक चित्र हैं। इनके सूखते जाने की दुखद प्रवृत्तियाँ हैं। प्रकृति के इर्द-गिर्द घूमती इन कविताओं में तेजी से बाजारू होते जा रहे गाँव की बदलती तसवीर एवं घटनाओं की परिस्थितियाँ हैं। अपने बचपन, अपने प्रेम, अपनी इच्छाओं एवं अपने पूर्वजों की स्मृतियाँ हैं। पिता का वात्सल्य है, माँ की ममता है। प्रिया के प्रेम की विभिन्न भूमिकाओं के रूपक हैं—

हाँ तुम्हें प्यार नहीं है मुझसे
फिर क्यों बैठा करती हो
घंटों दरख्त के पास
जहाँ मैंने तुम्हारा नाम उकेरा था

नहीं मुझे पूरा यकीन है
मैं तुम्हें प्रेम नहीं करता
लेकिन अमावस की भयानक अँधेरी रातों में
जब कभी भी बिजली गुल हो जाती है
तो अकसर पाया है मैंने तुम्हें
मेरा हाथ थाम कर
मुझे अँधेरे से बाहर निकालते हुए

जीवन की प्रत्येक कठिन परीक्षा में
जब भी हारने से घबरा उठता हूँ
तो अकसर पाया है मैंने तुम्हें
मुझसे लिपटकर मेरा माथा सहलाते हुए।

कवि ने प्रेम-कविताओं की एक श्रृंखला भी रची है। इन कविताओं में प्रेम की अभिव्यंजना में एक गहरी निष्ठा, आत्मीयता एवं समर्पण है, प्रणय-बिम्बों की अपनी विशिष्ट गरिमा है, गृहस्थ जीवन का आत्मीय बोध है। प्रेयसी का प्रेरणा रूप में चित्रण है। यहाँ नारी एक सुन्दर देह के रूप में नहीं, सुभाषित रूप में नहीं, देवी रूप में नहीं, बिना किसी भेदभाव के एक सामान्य गरिमामयी स्त्री के रूप में उपस्थित है। अपने समस्त गृहस्थ जीवन की भूमिकाओं का निर्वाह करती वह यहाँ पुरुषों के संबल रूप में उपस्थित है। उसके अभाव में जीवन जीने की कल्पना ही व्यर्थ है। तृप्त-अतृप्त/अनामिका/तेरा रूप/श्रृंगार/मिलन/बता दो मुझे/हाँ तुम्हें प्यार नहीं मुझसे/शायद यही प्रेम है/अर्द्धांगिनी/मैं बन के फिरूँ कृष्ण तुम्हारा/एक बात मेरी, एक रात तेरी/तुम्हारी देन—सदृश दर्जनों कविताएँ प्रेम के प्रति कवि की अटूट आस्था को व्यक्त करती हैं। इन कविताओं में कवि का मंतव्य प्रेम की ऐन्द्रिक व्याख्या करना नहीं, प्रेम को समझने की एक नई संवेदना एवं नया विवेक प्रदान

करना है। कवि की प्रेम सम्बन्धी अवधारणाओं के समस्त आयामों में सबसे महत्त्वपूर्ण आयाम जीवन में प्रेम को बचाने की उद्घोषणा है। तीर्थस्थानों में नहाकर शुद्ध होने से कहीं अधिक हार्दिक प्रेम में नहाकर शुद्ध होने की उद्घोषणा है—

हमारे हृदय से
प्रेम की
गंगा-यमुना भी
निकलती है
जिसमें हर क्षण नहा कर
हम नितान्त शुद्ध हैं।

समकालीन जीवन के अनिवार्य हिस्सों को कविता का विषय बनाता यह कवि अपनी कविताओं में समय के दर्द को ही चित्रित नहीं करता, आधुनिक जीवन की आकुलताओं-व्याकुलताओं को एक नया स्वर भी देता है। ये स्वर यथार्थ की तह तक जाने के स्वर हैं, जीवन के खट्टे-मीठे स्वाद के स्वर हैं, दैनिक जीवन के गणित के स्वर हैं, व्यवस्था के स्वर हैं, समाज के मार्मिक प्रसंगों के स्वर हैं, देशहित की उपेक्षा से व्यथित सामाजिक-राजनीतिक परिस्थितियों के स्वर हैं। व्यवस्था के स्थापित तंत्र से बाहर निकलने के स्वर हैं—

राजतंत्र का अन्त
फिर लोकतंत्र
लोक हुआ गायब
यह कैसा मंत्र
भ्रष्टाचारी बयार
बह रही है देश में
भारत भाग्य के हाथों
क्यों ऐसा मंत्र

इतनी सारी योजना
और
कृषि का पिछड़ापन

किताबी आँकड़े झूठे
नहीं वे सत्य के आनन
गरीब
और गरीब हो रहा
अमीर
और अमीर
अर्थसमाज में अब और
मिट रहा अपनापन

कहाँ मिली आजादी
सन् सैंतालीस में
हाथों की बेड़ी टूटी है
पाँव हैं जंजीरों में
तोड़ सके ये बाधाएँ
वह मन अब कहाँ गया
कैसे बिखरे हरियाली अब
भारत के आँगन में।

साधारण-से-साधारण दृश्यों को भी कविता का रूप देता कवि अपनी कविताओं के लिए एक अलग सत्ता ही नहीं बनाता, समाज की जड़ता को भंग करने का प्रयास भी करता है; जीवन तथा प्रकृति के सुन्दरतम् को विकसित करते हुए जन-मन को और अधिक मानवीय बनाने का प्रयास भी करता है। आधुनिक जीवन-शैली के अनुसार कवि की कविताओं के छंद भी आधुनिक हैं। छंदों में उतार है, चढ़ाव है, लहर है, प्रवाह है, किन्तु इन सबके बावजूद कविताएँ बारम्बार गाँव के सुख-दुःख की ओर लौट आती हैं। गाँव के नदी-नालों, खेत-खलिहान की ओर लौट आती हैं। गाँव के बिम्ब, गाँव की गलियाँ, गाँव की सत्ता सदैव कवि को कचोटती रहती है—

तालाब अभी भी हैं
आम का बगीचा और
उसकी डाल भी सलामत हैं
खेत अभी भी लहलहाते हैं

अब भी पोखरों में भैंस नहाती हैं
नाच अभी भी गाँव में होता है
पर
मैं कहीं नहीं हूँ।

अपने समय-समाज एवं राजनीतिक विसंगतियों के दुःख कवि को व्यथित नहीं अपितु आन्दोलित करते भी दीख पड़ते हैं। झूठ-फरेब, लूट-खसोट, अत्याचार-अनाचार के सत्ता गठजोड़ से क्षुब्ध कवि अपनी स्पष्ट एवं बेबाक कविता टिप्पणी से राजनेताओं को आगाह ही नहीं करता, बल्कि किसी भी समाज की मुक्तिकामी चेतना को ऊर्जस्वित करने का प्रयास भी करता है—

लेकिन हे निष्ठुर
कभी जनता की लाचारी को तुमने पूछा?
यही पाँच सालों में जाके
लाइन लगाएँगे
वोटों से अपने
किसी और को बिठाएँगे।
अगर अपने कामों से दोगे
लोगों को झटका
कुरसी से हटने की
फिर कर लो तैयारी।

संक्षिप्ततः संग्रह की समस्त कविताएँ समकालीन यथार्थ की प्रासंगिक अभिव्यक्ति की कविताएँ हैं। संग्रह की समस्त कविताएँ जीवन के प्रति आस्था, संघर्ष एवं प्रेम की प्रतिष्ठा की कविताएँ हैं। कविताओं में सम्बन्धों की आत्मीयता है। मूल्यों-मान्यताओं एवं मानवीय संवेदनाओं की दृष्टि से एक विशिष्ट काव्य-विवेक जागृत करता अरुणोदय का यह सूर्य उत्तरोत्तर प्रखर होता जाएगा, इन्हीं शुभकामनाओं के साथ।

—दिनेश कुशवाहा

आत्मकथ्य

कविता जीवन जीने की दृष्टि देती है। कोई अपने मन में उपजे किसी विशेष सघन भाव को कागज पर लिखकर स्वतंत्र होना चाहता है तो कोई अपने अनुभवों के आधार पर वर्तमान में प्रचलित अनेक समस्याओं का निराकरण ढूँढ़ने की कोशिश करता है। काव्य-जीवन के पथिक को कुछ निश्चित चरणों से गुजरना पड़ता है—शुरुआत में कवि आत्मचेतस् होता है, फिर धीरे-धीरे विश्वचेतस् होते जाना ही उसकी नियति है और यदि सत्य कहा जाए तो इसी में काव्य की अपनी पूर्णता भी है।

एक कवि-मन भी जीवन की तरह ही अनेक चरणों से होकर गुजरता है—शैशवावस्था, किशोरावस्था, तो कभी प्रौढ़, तो कभी वृद्धावस्था। पर इसका यह अर्थ बिलकुल नहीं कि जो प्रौढ़ होता है, वह बालकोचित्त उत्साह से एकदम शून्य ही हो, अर्थात् सही समय पर, सही विषय पर, सही अवस्था पर कविता का यही प्राप्य होना चाहिए।

कविता वह है, जो किसी खंडित हृदय को आस दे सके। कविता वह है, जो अन्याय एवं विषमता के विरुद्ध खड़े होने की ताकत दे सके, कविता वह है, जो अपने हृदय के भाव को दूसरों की आँखों तक पहुँचा सके। कोई भी साहित्य बिना किसी 'हित' के नहीं हो सकता। कविता भी इससे परे नहीं है, कुल मिलाकर मनुष्य में 'मनुष्यता' स्थापित कर सके, वही कविता है, फिर चाहे वह कोई भाव क्यों न हो।

हिन्दी-कविता का अपना एक स्वतंत्र संघर्ष रहा है। धीरे-धीरे समस्त वर्जनाओं को तोड़ती हुई आज कविता अनेक क्षेत्रों में स्थापित है। कभी कविता की कोई एक धारा ज्यादा प्रबल रही तो कभी कोई! किन्तु कविता ने किसी को अछूता नहीं समझा, सबको अपने में समाहित करके रखा। ऐसा नहीं है कि जो उन्नीसवीं सदी

में कविता में लिखा गया, वह बीसवीं सदी में लिखा जाना बन्द हो गया और यह तो इक्कीसवीं सदी है—सूचनाओं का युग; सब कुछ रॉकेट की स्पीड से सबके पास पहुँच रहा है। व्यस्त रहने के, सीखने के, मनोरंजन के अत्यधिक विकल्प अब मौजूद हैं; न जाने आगे और कितने ही विकल्प मौजूद होंगे।

बीसवीं सदी में जो कविता 'स्व' से शुरू होकर 'विश्व' तक पहुँची थी, 21वीं सदी में न जाने ब्रह्मांड के किस कोने तक इसे पहुँचना पड़े! सूचनाओं के इस तीव्र प्रसारण और अत्यधिक बाजारवाद ने पिछले पच्चीस वर्षों में समाज के प्रत्येक अंग को प्रभावित किया है; मानवों के तमाम रिश्तों से छेड़छाड़ की है, अब यह कविता की जिम्मेदारी है कि वह यह बताए कि इस भागती-दौड़ती 21वीं सदी या फिर आनेवाली सदियों में मानव का मानव से सम्बन्ध क्या होगा? क्या अब मानवता की नई परिभाषा गढ़े जाने की जरूरत है? क्या अब एक पिता को पुत्र से अवश्य ही सीखना होगा? क्या अब बहनों को भावनाओं के भँवर में फँसे भाइयों की रक्षा करनी पड़ेगी? आखिर उस प्रकृति की छटा, उस हरियाली के बारे में कौन सचेत करेगा, जो दिन-पर-दिन सिमटती जा रही है।

पुराने 'पिलर' और 'बीम' पर खड़ी इमारत पर अब और कितना नया कंस्ट्रक्शन किया जा सकता है? कुल मिलाकर हिन्दी कविता में एक नए आन्दोलन की आवश्यकता है, जो इस नई सदी की अनेक समस्याओं पर बिखरी अनगिनत क्षणिकाओं को आत्मसात् कर एक सूत्र में पिरो सके, मशीनों के इस दौर में हम-सब किसी विशाल यंत्र के कलपुर्जे बनते चले जा रहे हैं—जरूरत है फिर से उसी स्वतंत्र बोध को विकसित करने की जो कहीं-न-कहीं कृत्रिमता के भार से दब चुका है। मेरी समस्त कविताएँ उसी छटपटाहट की देन हैं। मैं पुनः स्वतंत्र होना चाहता हूँ। बस!

—अमर कुशवाहा

पगडंडियाँ

एक लम्बे अरसे से
राह तकती हैं पगडंडियाँ
बगल के खेतों ने अकसर
उन्हें बिलखते ही देखा है!

न!
आँसू नहीं निकलते अब!
जब इन्तजार की सीमा नहीं होती
सूख जाते हैं आँसू अकसर
और बच जाती है केवल वेदना!
पर जब कभी भी वेदना का
पारावार चढ़ जाता है
तो निकल ही पड़ते हैं आँसू
और फिर धूल से मिलकर
चिपक पड़ते हैं
गाड़ियों के टायरों से!

पर इससे पहले कि पहुँच पाएँ
वो अपने प्रिय तक
हवा और धूप उन्हें सुखाकर

छोड़ देती है
किसी वीरान परती में!
कभी भूले से कुछ
पहुँच गए अपने मुकाम तक,
तो अलग-थलग से दिखते हैं
चमकते संगमरमर पर!
और फिर उन्हें बुहारकर
फेंक आते हैं लोग
किसी गंदी जगह पर!

एक समय था!
मैं भी लौटता था उन्हीं
पगडंडियों पर लोटने को
महाभारत के नेवले की तरह!
जो सुनहरा हो गया था!

मेरे गाँव की पगडंडी पर
बिखरी धूल में छिपी है
किसी की ममता,
त्याग और करुणा!
मैं भी सुनहरा हो गया था
उसी में लोट-लोटकर!
बस!
अब वहाँ लौट नहीं पाता!

सर्वहारा

मैं भी चाहता था मसीहा होना
गरीब और मजलूमों का
इससे पहले कि सर्वहारा
सब कुछ हार जाए।

मैं जानता हूँ कि
'सब कुछ' हारने के लिए
'कुछ' होना भी चाहिए!

इन शब्दों के चक्रव्यूह से
अब निकल जाने दो इन्हें!
इन्हीं शब्दों के जाल में
उलझकर रह गईं इनकी
पीढ़ी-दर-पीढ़ियाँ!

सबने रोटी ही सेंकी है
इन्हें धूप में जलाकर!
यह अन्तर कभी खत्म नहीं होगा!
चाहें तो लिख लो
या फिर,

शिलालेख ही गढ़वा लो
मैं रहूँ, न रहूँ,
मेरे ये शब्द रहेंगे!
कोई इस गड्ढे को नहीं पाटेगा!

यह 'सब कुछ' और
'कुछ' के बीच जो अन्तर है
वह है इनकी 'देह'!
किसी को उसका पसीना चाहिए
किसी को रक्त!
बस!

मुझे पता था!

मुझे पता था!
वह मेरे जीवन में आएगा
जब आँखों से नींदें ओझल होंगी
पत्तों पर पड़े ओस के बूँदों सा!

मुझे पता था!
वह मुझे बहलाएगा
जब सब कुछ शान्त हो गया हो
एक मूसलाधार बारिश के बाद!

मुझे पता था!
वह इन्द्रधनुष के स्वप्न दिखलाएगा
जब नीरसता के बादल होंगे
दुःख और अतृप्त भावनाओं के बाद!

मुझे पता था!
वह मुझे प्रेम नहीं करेगा
बस मेरी प्यासी आत्मा को छुएगा
पास होकर भी बहुत दूर!

मुझे पता था!

भारत के भविष्य का शव

अभी माँ की ममता का आँचल
पूरा पसर भी न पाया था
पिता के कन्धे पड़े थे
शान्त, अचेत, निर्विकार।
अब नहीं बैठेंगे उन पर आँख के तारे
भले ही मेलाओं की भीड़ हो।
किंकर्तव्यविमूढ़ खड़ा था देश आज
लादे हुए अपने जर्जर काँधे पर
अनगिनत शव अपने भविष्य का।

कुछ ने तो सीखा ही नहीं था
अब तक 'माँ' बोलना,
ताकि लाल हो सके
लाल की लाली से उसकी माँ।
नहीं! लाल नहीं होने पाई धरती
गोरखपुर के मासूम साठ नौनिहालों के
स्वप्नों की काया में रक्त बचा ही कहाँ था?
बस बचा रह गया था कुछ तो,
वह थी माँ की टूटी आशा और

पिता की अतृप्त इच्छा
कि बड़ा होकर बनेगा
उनका छोटा पुत्र श्रवण कुमार।
वह प्रधानमंत्री भी बन सकता था
या फिर मिसाइल मैन।
नियति का दुर्भाग्य कहूँ या फिर
राजनीति की गंदी बिसात।
सो चुके थे सारे छह फीट भूमि के नीचे
तोड़ सारे स्वप्न और
आँखों में उनकी आस लिये।

क्यों नहीं छिड़ा देशव्यापी आन्दोलन?
क्यों नहीं हुआ सड़क जाम?
कहाँ छिप गया था मीडिया का पावर?
क्या केवल उन्हीं लाशों का अर्थ है
जिनकी जान जाती है
आतंक की गोलियों से?
या फिर उस भ्रष्टाचारी नेता का जिसके
मृत्यूपरान्त होता है, उसका महिमामंडन?
और दे दिया जाता है
कुछ-एक एकड़ भूमि का टुकड़ा!
ताकि बन सके उसकी समाधि,
जब कि शहरों की एक-चौथाई आबादी
सोती हो फुटपाथ पर।

बस देखते ही रह गए थे
राम, ईश और अल्लाह।
कोई भी नहीं आया बचाने
भारत के भविष्य को।
जिन पर उत्तरदायित्व था, उन्हें

क्यों नहीं मिला प्राणवायु के सिलेंडर।
बस सब भिड़े पड़े थे
कोसने में एक-दूसरे को।
कोई किसी को लापरवाह बताता
तो कोई अगस्त माह की गलती।
बस फेंकने में लगे थे
अपने कन्धे पर रखे भारत के
भविष्य के शवों को
दूसरे के कन्धों पर!

बस पकड़ा दिए जाते हैं
चन्द रुपए मुआवजे के नाम पर!
पर उससे लौट नहीं पाती
वापिस बच्चों की किलकारियाँ।
किन्तु यह भीषण दु:ख
केवल कुछ-एक का नहीं।
कब तक फेंकते रहेंगे
भारत के भविष्य के शवों को
एक-दूसरे के कन्धों पर!
कब तक ऐसे ही बिछी रहेंगी
राजनीति की गंदी बिसातें और
प्रभाव एवं परिचयवाद का असर!
यदि, यही रहा, तो
निश्चित ही किसी-न-किसी दिन
होगा अपने ही कन्धे पर
अपने ही घर के भविष्य के
शव का बोझ।

मैं तुम्हें प्रेम नहीं करता!

नहीं! मुझे पूरा यकीन है! मैं तुम्हें प्रेम नहीं करता!
लेकिन अमावस की भयानक अँधेरी रात में
जब भी कभी बिजली गुल हो जाती है
तो अकसर पाया है मैंने तुम्हें
मेरा हाथ थामकर
मुझे अँधेरे से बाहर निकालते हुए!

नहीं! मुझे पूरा यकीन है! मैं तुम्हें प्रेम नहीं करता!
लेकिन जीवन के प्रत्येक कठिन परीक्षाओं में
जब भी हारने से घबरा उठता हूँ
तो अकसर पाया है मैंने तुम्हें
मुझसे लिपटकर
मेरे माथे को सहलाते हुए!

नहीं! मुझे पूरा यकीन है! मैं तुम्हें प्रेम नहीं करता!
लेकिन हमारे-तुम्हारे इस अनजान रिश्ते के मध्य
जब भी कभी दूर होती दिखती हो
तो अकसर पाया है, मैंने तुम्हें

अपने हाथों से
मेरे आँसुओं को पोंछते हुए!

नहीं! मुझे पूरा यकीन है! मैं तुम्हें प्रेम नहीं करता!

भीष्म का बोझ!

जब भी लिखा जाता है इतिहास
किसी भी युद्ध का
तो चर्चाएँ छिड़ती हैं
मात्र विजय एवं पराजय की
उनके समस्त कारण
और बाद के परिणाम की।

इतिहास कभी चर्चा नहीं करता
उन कटे-बिखरे धड़ों की
जिन पर कभी सिर सुशोभित थे।

इतिहास कभी चर्चा नहीं करता
उन रक्त से सनी नदियों का
जिनमें उनका भी रक्त शामिल था,
जो युद्ध में शामिल न थे।

इतिहास कभी चर्चा नहीं करता
उस कलेजे काए उस कन्धे का
जिसके ऊपर इतने सारे
शवों का बोझ था।

यदि कभी इतिहास ने चर्चा किया होता
तो हर एक युद्ध में मिला होता
एक लाचार, बेबस, वृद्ध योद्धा
भीष्म पितामह सरीखा।

जिसके मात्र एक वचन तोड़ देने से
या एक कदम भर आगे बढ़ जाने से
बच सकते थे लाखों के काँधों पर सिर!
बच सकती थीं सुहागिनें जो अब
वैधव्य को शापित हो गईं!
बच सकते थे वे बच्चे जो
बड़े होने से पहले ही अनाथ हो गए!

इतिहास चाहे जितना ही कोस ले
दुर्योधन, शकुनि और कर्ण को,
किन्तु मेरी नजर में
महाभारत का खलनायक
कोई और ही था।

माता-पिता को समर्पित!

जब भी कभी मन हुआ
बीते हुए कल में फिर से
एक बार वापिस जाने को
तो आँखें बन्द कर लेता हूँ
और सामने पाता हूँ
माँ का शान्त चेहरा
झुर्रियों से भरपूर
सफेद पके हुए बाल और
आँखों की बुझती चमक!

उनके चेहरे की हर एक
सिलवट में छिपा है
मेरे एक-एक वर्षों का इतिहास!
उनके सफेद पके बालों में है
मेरी बढ़ती हुई उम्र का राज!
और
मेरी आँखों में जो चमक है,
ठीक उतना ही है, जितनी
माँ ने धीरे-धीरे अपनी
आँखों को बुझाकर दिए हैं!

कभी जरूरत ही नहीं पड़ी
इतिहास के पुस्तक की
क्योंकि माँ सम्पूर्ण ग्रंथ है
वही आदि थीं, वही अन्त हैं!
और जिल्द हैं पिताजी
थोड़े मोटे, थोड़े सख्त!
उन्होंने कभी भी
ग्रंथ को बिखरने नहीं दिया!
जिसमें मेरा इतिहास
मेरा बीता हुआ कल
सुरक्षित है!

मित्रश्रेष्ठ!

आ गए सखा! हे मित्रश्रेष्ठ!
पूरी होगी साध
आज पाकर दर्शन
तुम्हारे चरण-कमलों की!
कुंड भर उठे हैं आँखों के
सूख चुके जो बिन दर्शन
जीर्ण-शीर्ण मानव के
मांसविहीन शरीर को लख
अश्रुधार हैं छूट पड़े
आँखों से उस मित्र के
जिसके चरण-कमल से ही
गंगा का उद्भव हुआ था...
सभा थी शान्त!
बिखर पड़ा था सन्नाटा!
हो सन्निपात, उस राजसभा में
केवल दो की ही आँखें तकती थीं
उस ओर जिधर पसरा था
प्रेम का दर्पण जिसमें नित सवेरे
सखा सजा-सँवरा करते हैं!
धो चरणसखा के

आलिंगन में ले सुदामा को
कृष्ण ने भरी सभा में
राजसिंहासन पर बिठाया
स्वयं थे बैठे समीप
सिंहासन के, किन्तु नीचे!

कहो सखा!
पूछ उठे माधव!
कहाँ थे रहते?
मेरे किस अपराधवश
भूल गए थे गुरुभाई को?

मैं घिरा हुआ था राजभार से
किससे कहता? कैसे कहता?
बस मन ही मन मैं चुप रहता
मित्र तो केवल तुम ही थे!
ब्रज के वन जो घूमा करता
ऐसे स्वच्छंद कान्हा को
राजधर्म की जंजीरों में
बँधने का दर्द
आखिर कौन सुनता?
कहते-कहते कृष्ण ने
जब मित्र के पैरों को देखा
अश्रुधार फिर बह निकले
पकड़कर पाँव सुदामा के
लगे हाथों से सहलाने!

क्षगा करना सखा मेरे!
किन-किन कष्टों से आए तुम!
कैसे-कैसे दुर्दिन फिरे!

न पूछ, मैं तुमसे ही प्रश्न कर बैठा!
केवल करने को मन सन्तुष्ट स्वयं का
धिक्कार मुझे है!

मित्रश्रेष्ठ कहते हैं माधव
मुझ सुदामा को
जो गुरु-आश्रम में
वर्षा की रात
खा गया था
माधव का भी भाग!
जिसे दिया था गुरुमाता ने
बाँटने को आधा-आधा!
यह सोच भर उठे नयन
आत्मग्लानि में सुदामा के!
बस कह उठे तुरन्त
हे माधव! हे सखा! गुरुभाई!
अपराध नहीं तुम्हारा
किन्तु वह मेरा था, परिणामस्वरूप
ले भिक्षापात्र भटका हूँ मैं घर-घर
पाने को ठीक वही आधा भाग
जो खाया था मैंने गुरु-आश्रम में
वर्षा की रात तुम्हारे हिस्से का!
मैं मित्र नहीं! मैं श्रेष्ठ नहीं!
सच पूछो तो मानव ही नहीं!

जो मन में मेरे
मानवता न रही थी!
उस आत्मग्लानि में अब तक तड़पा
क्षमा करो माधव मुझे!
नहीं! इसलिए नहीं कि

मैं तड़प रहा हूँ वर्षों से!
अपितु! क्षमा करो माधव कि
अपनी आत्मग्लानि के कारण
मैंने मित्र-प्रेम से वर्षों तक
है तुमको वंचित रखा!
यह कह रो उठे सुदामा
फूट-फूटकर!
चकित सभा यह दृश्य देख!
दोनों में कौन मित्रश्रेष्ठ?

कहो सखा! पूछे माधव,

कैसी हैं भाभीश्री?
इतने वर्ष हैं बीत चुके अब तो
खेलते होंगे बच्चे आँगन में!
बताओ मुझे! क्या नहीं सुनाया?
बच्चों को किस्सा गुरु-आश्रम का
जहाँ हम सखा साथ-साथ पढ़ा करते थे!
क्या नहीं बताया?
कैसे मैं चंचल बस इधर-उधर ही
बाल-लीला किया करता था
और कैसे तुम सखा मेरे
ढक मेरी चंचलता को
एक उदात्त भाव दिया करते थे!
क्या नहीं बताया? कैसे-कैसे?
एक चंचल-नटखट बच्चे को
बाँध दिया राजपाश से
करने को राज द्वारिका पर
बन द्वारिकाधीश!
ब्रज छूटा, छूटी राधा

छूटा यमुना तट भी
छूटी मइया, नन्दबाबा
छूटे संगी-सखा भी!
बस तीर लगे नन्हे शावक सा
इस राजभवन में, तड़पन में
मैं विचरण करता रहता हूँ!
बताओ मुझे! दिखाओ मुझे!
यह क्या है? बँधी पोटली?
क्यों छिपा रहे हो तुम
अपने इस गुरुभाई से?

क्या याद नहीं कई वर्ष-पूर्व
छिपा गए थे ऐसी ही पोटली
गुरु-आश्रम में वर्षा की रात
जो दिया था गुरु-माता ने!
है कसम तुम्हें मेरे नाम की!
जो पुनः दुहराकर वही कहानी
तुम्हारे दर्शन से मुझको
वर्षों तक वंचित रखोगे!

छूट गई पोटली सुदामा से
लपक उठे झट से माधव,
खोले और बोले!
वाह वाह! भेजा है भाभीश्री ने
चावल मुझको बहुत प्रेम से
भूख मेरी वर्षों की
अब जाकर पूरी होगी!
पहली मुट्ठी में भरकर
नेत्र-मूँद खा गए माधव
किन्तु क्षुधा अभी भी

कुछ बची बाकी थी!
दूसरी मुट्ठी में भरकर
जैसे ही मुख के अन्दर निगले
सौंप चुके थे माधव
दो लोक सुदामा को!
थे प्रेम में डूबे इतने माधव
फिर भी भूख मिटी नहीं
पुनः पोटली में डाल हाथ
भर लिये तीसरी मुट्ठी भी!
जैसे हुए खाने को
हाथ पकड़ बैठी
लक्ष्मी-रूपा रुक्मणि!
कर उठीं विनय,

हे प्राणनाथ! हे जगन्नाथ!
कुल मिलाकर बस
अब एक ही लोक बचा है!

हे कृपासागर! करो कृपा!
रहने दें यह एक लोक
बाकी सारे मानव की!
ध्यान भंग! छूटे माधव!
उस प्रेम भरी तंद्रा से
शुरू हुई पुष्प वर्षा
आकाश से देवों के द्वारा!
स्मरण रहेगा जग को सदा
यह मित्र-प्रेम!
हे मित्रश्रेष्ठ!

शायद यही प्रेम है!

कई बार अनचाहे ही
बहुत कुछ कह देता हूँ
रूखे-सूखे शब्दों में
और तुम...बस
चुपचाप सुन लेती हो
असहज होकर भी!

तुम भी तो कई बार
डाल ही देती हो
ज्यादा मिर्च सब्जी में
और दाल में अधिक नमक
मैं खा लेता हूँ...चुपचाप
बिना मीन-मेख निकाले!

हम दोनों खूब जानते हैं
रूखे-सूखे शब्द महत्त्वपूर्ण नहीं
और न ही अधिक नमक मिली
दाल और सब्जी!

क्योंकि! कुछ देर बाद!
कुछ दिन बाद!

शब्द मीठे भी होंगे और
नमक सधा हुआ!
शायद यही प्रेम है!

आओ माँ...कहानी सुनाऊँ तुम्हें!

आओ माँ!
बैठो! पास मेरे!
सुनानी है एक कहानी तुम्हें!
ठीक वैसे ही जैसे बचपन में
तुम मुझे सुनाती थी!

माँ हँस पड़ी!
चल हट!
तीसवाँ पार कर गया
पर अभी भी है
वैसा ही नटखट!
कहानी सुनाने चला है
वह भी माँ को!
समय कहाँ मिलता होगा तुम्हें
कि सोच सके
तू एक कहानी भी?
दशों-दिशा तेरी आँख हैं,
बीसों जगह तेरे हाथ!

मानता हूँ मैं माँ!
कि मैं ज्यादा ही व्यस्त हूँ

अपनी दिनचर्या के काम में!
किन्तु एक प्रश्न पूछूँ?
उत्तर दोगी?
फिर तुम मुझे कैसे
सुनाया करती थी
हर दिन नई कहानी?
तुम भी तो व्यस्त थी!
बहुत ही व्यस्त थी
जब मैं छोटा हुआ करता था!
सबके लिए खाना बनाना
संयुक्त परिवार में
घर की साफ-सफाई!
आँखें और हाथ तो तुम्हारे भी
बहुत जगह थे माँ
और उनसे भी ज्यादा काम!

माँ, बस केवल
थोड़ा सा मुस्कराई
जैसे जीत लिया हो
एक ही झटके में
सम्पूर्ण स्वर्ग को!

मेरे 'बाबू'!
माँ के लिए केवल
उसकी सन्तान ही होती है
उसकी सारी दिशाएँ
और उसके सारे हाथ!

दायरे!

बस कुछ अनलिखे कागज, एक कलम
और ढेरों बिखरे हुए दायरे थे!

जितनी तेजी से इस दिल में
मुहब्बत की हूक उठा करती थी
उतनी तेजी से अल्फाज नहीं मिलते थे
कलम में रोसनाई बारहोबार भरा था मैंने
फिर भी कागज अनलिखे ही रह जाते थे!

इन्तजार की कसक और उस पर ये इन्तिहाँ
जमाने के इस दर्द से मैं था वाकिफ
पर जिक्र जब जमाने में होने लगे
और चाँद से चेहरे को परदे में रहना पड़े
उनकी ऐसी रुसवाई से मैं अकसर डरता था!

हर दायरे को तोड़कर कलम को घसीटा मैंने
नाम उनका ही बस उकेर पाया था
किए आँखों के समन्दर से बरबस
एक बूँद जो टपकी एक शब्द लिखे कागज पर
अनलिखा कागज भी नीला पड़ चुका था!

अब बस एक नीला अनलिखा कागज
एक कलम और ढेरों बिखरे हुए दायरे थे
और उन हर एक दायरे में मैं भी था
कहीं बिखरा तो कहीं सिमटा हुआ!

मानव-वृक्ष!

मानव!
ईश्वर की सर्वश्रेष्ठ रचना
नि:सन्देह
एक वृक्ष ही है!

मानव-वृक्ष की जड़
होती है माँ!
सींचती रहती है अपने
रक्त से समय-समय पर!

मानव-वृक्ष का तना
होता है पिता
चट्टान सा खड़ा रखता है
जीवन के भयंकर अंधड़ में भी!

मानव-वृक्ष की टहनियाँ
होते हैं भाई-बहन
आकार तय करते हैं
उसके फैलाव का!

मानव-वृक्ष के पत्ते
होते हैं उसका घर!
जिसमें संश्लेषित होता है
निरन्तर प्रेमरूपी प्रकाश!

मानव-वृक्ष के उर्वरक-तत्त्व
होते हैं नात-हित-मित्र!
विकसित करते हैं मानव को
अपनी क्षमतानुरूप!

मानव-वृक्ष के समस्त अंग
होते हैं अपने-अपने
साम्य में
सदैव से ही!

साम्य टूटा!
मानव-वृक्ष सूखा!

शापित राम!

हे राम!
इस अविरत कालचक्र में
सदैव ही तुम शापित हो
मर्यादा में रहने को!

जब भी तुम्हारा होगा जन्म
पाओगे कैकेयी घर में
महलों में पलनेवाले
भटकोगे वन-उपवन में!

जब भी तुम्हारा होगा जन्म
पाओगे शूर्पनखा-रावण
पल-पल, पग-पग चलनेवाली
अपहृत होगी अर्द्धांगिनी!

जब भी तुम्हारा होगा जन्म
पाओगे एक विशाल समुद्र
जैसे-तैसे पार करोगे
करना होगा युद्ध!

जब भी तुम्हारा होगा जन्म
पाओगे एक धोबी-धोबिन
सप्त-जन्म का मंगल बन्धन
तोड़ उठोगे पल भर में!

जब भी तुम्हारा होगा जन्म
पाओगे एकाकी जीवन ही
कहने को तो चक्रवती
किन्तु कर्तव्य बहुत, अधिकार नहीं!

हे मर्यादा पुरुषोत्तम!
इस अविरत कालचक्र में
सदैव ही तुम शापित हो
मर्यादा में रहने को!

पुरुषों की सहानुभूति में!

कठिन होता है लड़की होना
पिता-पति-पुत्र के बीच
जीवन भर कुढ़ना
विदित है समस्त जग को!

किन्तु, अनायास ऐसे ही
सोचा है कभी?
कि लड़का होना भी
उतना ही दुष्कर है
इक्कीसवीं सदी के भारत में!

वह भी तो पिस उठता है
बचपन से ही
आनेवाले कल की चिन्ता से
जहाँ इक्कीसवीं सदी में भी
अधिकांश भारतीय समाज
केवल उसे पालक मानता है!

वह भी तो पिस उठता है
चारदीवारों के छोटे से कमरे में
पुस्तकों और डर के बीच

रोजगार नहीं मिला तो फिर,
न घर होगा और न ही शादी
क्योंकि लड़कियों के पिता को
बेरोजगार लड़के नहीं दिखते!

वह भी तो पिस उठता है
जब उसका विवाह होता है
और अगले ही दिन से वह
हो जाता है जिम्मेदार
हर उस कार्य का
जो उसकी पत्नी और
उसके ससुरालवाले करते हैं,
जबकि दोनों को ही पसन्द किया था
खुद ही माँ-बाप ने!

वह भी तो पिस उठता है
माँ और पत्नी के बीच
जब प्रतिदिन माँ उससे
उसका पुत्र होने का सबूत माँगती है!
और इक्कीसवीं सदी के संक्रमण से
गुजर रही पत्नी हर पल केवल अपना ही
अधिकार माँगती रहती है!

वह भी तो पिस उठता है
जब कट जाती है जड़, उन रिश्तों की
जिन्हें लाख कोशिश के बाद भी
वह सँभाल नहीं पाता
क्योंकि विवाहोपरान्त उसके पास
सिर्फ भार रह जाते हैं
अधिकार नहीं!

समझ में कुछ नहीं आता
किंकर्तव्यविमूढ़ हूँ मैं
कि इस इक्कीसवीं सदी के
संक्रमण के वृहद् दौर में
ज्यादा व्यथित कौन है?

हाँ! तुम्हें प्यार नहीं है मुझसे!

हाँ! तुम्हें प्यार नहीं है मुझसे!
फिर क्यों बैठा करती हो
घंटों दरख्तों के पास?
जहाँ मैंने तुम्हारा नाम उकेरा था!

हाँ! तुम्हें प्यार नहीं है मुझसे!
फिर क्यों छिपा रखी है
कॉपियों में मेरी तसवीर?
मेरे प्रवेश-पत्र से जो उकाचा था!

हाँ! तुम्हें प्यार नहीं है मुझसे!
फिर क्यों झूलती हैं लटें
केवल बाएँ काँधे पर?
मैंने सिर्फ एक बार कहा था!

हाँ! तुम्हें प्यार नहीं है मुझसे!
फिर क्यों झुका लिया था
नजर इनकार के वक्त?
पहले जो नीचे नहीं उतरती थीं!

हाँ! तुम्हें प्यार नहीं है मुझसे!

तृप्त-अतृप्त!

धरा-गगन
मिलने को आतुर
सदैव अतृप्त
क्षितिज का निर्माण!

नदी-समुद्र
मिलने को आतुर
सदैव अतृप्त
बहाव का निर्माण!

नारी-नर
मिलने को आतुर
सदैव अतृप्त
जीवन का निर्माण!

तृप्त-अतृप्त
निर्णय को आतुर
सदैव संघर्ष
कौन महान्?

माँ!

माँ अब भी
काजल लगा ही देती है
घर से निकलने से पहले
और फिर बेफिक्री से
घूमता रहता हूँ, मैं
शामों-सहर!

जब वापिस आता हूँ
तो माँ फिर लग जाती है
नजर उतारने में मेरी!

कितनी मासूम है माँ!
वह यह भी नहीं जानती
कि जो काजल उसने
लगाया था मेरे माथे पर!
उसके आगे झुकती हैं
ब्रह्मांड की सारी शक्तियाँ!

फिर भी उतारती है नजर
वापिस लौटने पर मेरी!

शब्दों के बन्धन?

क्या होते हैं
शब्दों के बन्धन!
मैंने परखा है अकसर!

कोई भारी-भरकम सा कहता
कोई बस केवल कह जाता
किसके हैं शब्द मूल्यवान्?

कोई कुछ भी न कह पाता
कोई समय की ताक में रहता
किसके शब्दों में है जान?

शब्दों के केवल कीमत लगते
मूल्य तो केवल भावों का है
भावरहित या भावसहित?

निर्भर नहीं यह वक्ता पर
काम है उसका कहते जाना
अविचल, निर्मल और प्रखर!

भावरहित या भावसहित?
यह तो श्रोता का गुण है
जिसके सन्मुख निकले वह शब्द!

सत्य!

मित्र मेरे!
समझा जिसको सत्य था तुमने
थे वह केवल तथ्य
कुछ शब्दों ने आकार लिया था
बस!

जो झंकृत कर साँसों को
वो शब्द निकलते
कुछ और प्रमाणित होते
उनमें जीवन की गंगा बहती!

तुम्हें लगा कि तुमने केवल
मेरे शब्द सुने हैं
पर इससे पहले कि पहुँचे
तुम्हारे कर्ण-पटल पर
हवा उनमें थी घुल-मिल बैठी!

हर-बार परीक्षा हो मेरी
वो भी शब्दों के आकारों से

स्वीकार नहीं है
बस झाँको मेरी आँखों में
जिसमें सब कुछ की तथता है!

ख्वाब!

ख्वाब
कितने ही रूप बदले हैं
तुमने!!

पहले ख्वाब ख्वाब ही था
फिर हो गया कांग्रेसी!
लीग की दरख्तों से गुजरकर
जनसंघी भी हुआ!!

ख्वाबों की फेहरिस्त
और भी लम्बी है
समाजवादी ख्वाब,
कम्युनिस्ट ख्वाब
बहुवादी ख्वाब!!

इतने सारे ख्वाबों में
भारत कहीं खो गया है
बस जाग रही हैं लाशें
इनसान कहीं सो गया है!

प्रेम!

प्रेम!
तुम यथार्थ नहीं हो
केवल निरीह
कवि की थोथी कल्पना!!

जब मन मरू हुआ
थे तुम भी मृतप्राय
मैं तब भी था उतना प्यासा
जितना अब सागर में हूँ!!

टूटता देखा है तुम्हें
कभी संस्कारों में
कभी विजाति के नाम पर
कभी सजाति के नाम पर!!

जहाँ तक भी दृष्टि में हो
पाया है तुम्हें लहूलुहान
तुम क्या औरों को जीवन दोगे
तुममें जब कोई साँस नहीं!!

कवि की थोथी कल्पना!

ईर्ष्या!

'ईर्ष्या' हूँ मैं!
जलन, खुन्नस, डाह मेरे पर्याय हैं
छल-कपट, भय मेरे दो हाथ हैं
मैं सर्वव्यापी हूँ सदा अनादिकाल से!

मैंने ही रचा महाभारत
दुर्योधन मेरा ही एक रूप था
कितने ही बलशाली हो द्रोण व भीष्म
मिट गया अस्तित्व!

रावण में मेरा ही अक्स
सीता-अपहरण मैंने ही कराया
भटकाया राम को जंगलों में
रामायण को मैंने ही रचाया!

मौर्य से ब्रिटिश तक
साम्राज्य फैला था मेरा
जब चाहा जोड़े रखा
जब चाहा टुकड़ों में तोड़ दिया!

अनन्त वर्ष बीत जाने के बाद भी
मैं ही अकेला सत्य हूँ
इस सदी में और भी प्रासंगिक
मैं हर हृदय में रहता हूँ!

कभी परिवारों में विघटन
कभी रिश्तों में टूटन
कभी बसा मैं परमाणु-युद्ध में
मैं हर कण-कण में विद्यमान हूँ!

दो शब्द!

यह वही विवशता है
जो पहले भी ऐसे ही बहती थी
तुम यही समझते हो
कि
तुम्हारे पलायन पर
मैं बहुत खुश हुआ था?
लेकिन...शायद
तुम्हें यह नहीं मालूम
कि मैंने अकसर तूफानों में
स्वप्नों के महलों का निर्माण किया है!

जो जज्बा अन्दर धधकता है वही
सुलगता हुआ बाहर आया है
कभी पुकारता हूँ दूर तक
कभी पैदा करता हूँ विश्वास
बहुत तमस है...बेरहमी भी
पर ढूँढ़ता हूँ प्रकाश की लौ
उसी के सहारे उद्बोधन करना है तुम्हारा!

सारी कायनात जैसे थम गई है
पर अब भी कहीं-न-कहीं

उम्मीद की एक किरण बाकी है!
अकसर बहुत गहरी अनुभूति पैदा होती है
जो अन्दर तक झकझोरती है
सवाल दर सवाल पूछता है दिल
इतिहास टटोलता है मेरा
और फिर दर्द की सच्चाई को
मेरी दो आँखें दे देता है!

एक अप्रतिम संवेदना मेरी
मुझे उन्हीं वादियों में वापिस बुला रही है!
फेंक दो मुझे बीच मझधार में
न हो अस्तित्व कोई जमाने में
तोड़ दो आखिरी साँस
भेज दो यहाँ से दूर
बहुत दूर!
लिखो...तुरन्त लिखो
स्वीकृति दो!
लिख दो मुझे वनवास
इस तरह लिखो कि मिट न जाए कभी!
अगर वनवास नहीं
तो मरु-वास ही लिख दो
ऐसे लिखो कि
भटकता-ढूँढ़ता रह जाऊँ खुद को
कि रेत में खुद भी रेत हो जाऊँ!

मैं आज कुछ भी नहीं लिखूँगा
कुछ भी नहीं!
लिखूँ क्या?
सोचूँ क्या?
कुछ भी न लिखूँगा!

कुछ भी न सोचूँगा!
बस यही कहना है, अब
तुम्हारे बगैर बेमानी लगता है हर सपना
और बेमानी लगता है
जीवन का हर एक पन्ना!

समय गतिशील है!

मुझे वापस बुलाता है
वो पुराना तालाब जिसमें
कभी बचपन में
मैं पत्थर फेंका करता था!
वो छोटा सा गाँव और
उसमें हमारी छोटी सी दुनिया...हमारा घर
जिसकी दीवारों पर
दीवाली और होली में
मैं सफेदी किया करता था!
वो आम का बगीचा
ठीक मेरे घर के आगे
उन पेड़ों की डालों पर चढ़ना
और लखना-लखनी खेलते हुए कूदना
पैरों में खरोंच लगती थी
और माँ थप्पड़ मारकर पट्टी बाँधती थी!

मुझे वापस बुलाते हैं
वो लहलहाते खेत
जिनकी हरियाली मुझे हरा रखती थी!
वो गरमियों और सर्दियों में

खेतों का सींचा जाना या फिर
पानी की टंकी में नहाने का
एक और बहाना!
वो गाँव में जाकर
खेलना और घूमना
दोस्तों से झगड़ा करना
गुल्ली-डंडा खेलना
लड़कियों के साथ गिट्टियाँ खेलना
और सबसे छुपाकर
खेतों के बीच पत्ते खेलना!

मुझे वापस बुलाता है
वो पोखरा जिसमें
चरवाहे भैंसों को नहलाते थे
उसके पानी में कूदकर हाँथ-पाँव मारना
कितना लगन था तैरना सीखने में
कितना खुश हुआ था
जब मैं पहली बार तैरा था!
वो बारिश जिसके कीचड़ में
हम छप छप किया करते थे
कबड्डी खेला करते थे!

मुझे वापस बुलाती हैं
वो रातें जिनमें
सबकी नजरों से छुपकर
छत और जँगले के सहारे
मैं नीचे उतरा करता था
और दोस्तों के साथ
गाँवों में नाच देखने जाता था!
वो सुबहें जब

सबके जागने से पहले
जँगले के सहारे
छत पर चढ़कर सो जाना!
वो पल, जिसमें
छत पर लेटकर
तारे गिनते-गिनते सो जाना
और सुबह अनमने मन से
स्कूल के लिए तैयार होना!

तालाब अभी भी है
आम का बगीचा और
उसकी डाल भी सलामत है!
खेत अभी भी लहलहाते हैं
अब भी पोखरों में भैंसें नहाती हैं
नाच अभी भी गाँवों में होता है
पर...
मैं कहीं नहीं हूँ!
क्या मैं कहीं खो गया हूँ?
नहीं!
मैं हूँ! वहीं कहीं हूँ!
मैं नहीं, मेरा बचपन खो गया है!
शायद नहीं!
मैं गलत कह रहा हूँ
मेरा बचपन उन छोटे-छोटे
बच्चों के किलकारी में है
अब जो धमा-चौकड़ी करते हैं
जैसे मैं करता था कभी!
विश्वास नहीं होता
पर, करना पड़ता है कि
समय गतिशील है!

क्या तुम्हें याद है?

क्या तुम्हें याद है?
जीवन की वो आखिरी साँस
पलायन पर तुम्हारे
मुझसे रूठ गई है!

क्या तुम्हें याद है?
पुराने आम का बगीचा और
उसकी डाल पर लटका हुआ झूला
पतझड़ों की मार सहते-सहते
वो टूट गई है!

क्या तुम्हें याद है?
हमारी यादों का वो स्तम्भ, वो तालाब
तुम्हारे हाथों के स्पर्श मात्र से
पत्थर लहरें पैदा करते थे
तालाब भर चुका है
मगर उसमें पानी नहीं है!

क्या तुम्हें याद है?
फुलवारी का वो इकलौता गुलाब

जो हमेशा खिला रहता था,
तुम्हारी मुस्कान देखकर
अब मुरझाया सा लगता है,
शायद किन्हीं दो हाथों ने
वक्त के उसे
अधूरा मसल दिया है!

और क्या-क्या याद दिलाऊँ तुम्हें?
क्या तुम्हें मैं याद हूँ?

मरुस्थल

कितने बिखरे से लगते हैं
जिन्दगी के पन्ने!
कहीं दबी चाहतें आहत हुई हैं
कहीं पनप रहा हूँ मैं खुद भी!
तोड़ना चाहता हूँ हर बार
आखिरी हार के बाद भी
तुमसे जुड़े उन सपनों को
जो मैंने खुद के लिए देखे हैं!
पर खुद ही बिखर रहा हूँ
कल चला था आसमाँ छूने
आज नीचे जमीं ढूँढ़ रहा हूँ!

कल ही तो देखा था
तुम्हारा चेहरा
अपनी आँखों में!
अकसर मुझे ऐसा लगता है
कि समय पीछे लौटने को आतुर है
या फिर मैं पीछे छूट गया हूँ!
भूला नहीं हूँ मैं अभी
अपने इन दो हाथों को

जो हर पहर
बारिश और सर्दी में
तुम्हारा कलाम लिखा करते थे
जैसे मुझसे रूठ गए हो
तुमसे अलग होना तो
इन्होंने सीखा ही नहीं!

जिन्दगी के उस पल का आखिरी दर्शन
क्या तुम्हें अभी भी याद है?
क्या तुम्हें याद है?
वो अमलतास के फूल
जो पेड़ों में लगा करते थे
क्या तुम्हें याद है?
तुम्हारे कदमों की आहट
मेरी ही धड़कनें थीं!

तुम चुप क्यूँ हो?
कुछ तो बोलो!
कुछ नहीं तो
अपनी मुस्कान ही बिखरा दो!
आखिर!
मैं क्यों हूँ?
मेरा अस्तित्व क्या है?
सब तुमसे ही तो जुड़ा है!
तुम्हारे बिना यह जीवन
जैसे मरुस्थल का वन
जिसमें पेड़ तो हैं
पर हिलनेवाले पत्ते नहीं!

प्रतीक्षा

मेरे जीवन में तुम यूँ आए हो
जैसे कोई हवा का झोंका
बहार बनकर
मेरे अन्दर विचर रहा हो!

साँसों पर मेरा काबू नहीं
रोकना चाहता हूँ खुद को, पर
कदम स्वतः
तुम्हारे पदचिह्नों के सहारे
तुम तक पहुँचने की उधेड़बुन में
चलते चले जाते हैं!

क्या तुम्हारे अमूर्त मुखड़े की
कल्पना कर पाऊँगा?
क्या तुम्हारे सौन्दर्य की परिभाषा को
अपने शब्दों के जाल में गूँथ पाऊँगा?
क्या तुम्हारे आँखों की गहराई में
झाँका जा सकता है?
भले ही तुम कोई स्वप्न हो
मैं घिरना चाहता हूँ!

बार-बार देखना चाहता हूँ तुम्हें!
अपनी अँगुलियों से
तुम्हारी पलकों को छूना चाहता हूँ!
पर, डर लगता है—
कहीं खो न दूँ तुम्हें!

आखिर ये सपने टूटते क्यों हैं?
कैसे ढूँढ़ूँ इसका उत्तर?
अब तुम्हीं बतला दो
इस प्रतीक्षा की सीमा क्या है?

काश!

काश!
कहीं ऐसा हो जाता कि
वो लम्हा फिर से लौट आता
तुम सामने बैठे होते मेरे
पलकों पर वो लाज का परदा
बोझिल पलकों का हौले से उठना
और मेरी आँखें देख उनका बन्द होना
अप्रतिम मुस्कान अधरों पर खिलना!

काश!
लौट आता वो पल, जिसमें
दिल में उठती थी कसक कुछ कहने की
तुम्हारे सामने जाकर सब कुछ भूल जाना
साँझ पहर से ही तुम्हारे सपने बुनना
रातों में तनहाई से बातें करना
तुम्हारे झलक की प्रतीक्षा में सो जाना!

काश!
लौट आता वो पल, जिसमें
पत्तों पर तुम्हारा नाम लिखकर उड़ाना

दिल का गीत बन होंठों पर आना
कुछ न कह पाने की तड़प में खुश होना
रात को चाँद में तुम्हारा अक्स देखना
और फिर मेरे गले का रुँध जाना!

काश!
लौट आता वो पल, जिसमें
पल तुमसे बिछुड़ने का
इस बार नहीं जाने देता तुम्हें!
रोक लेता उस पल को
आखिरी साँस तक!

कटाव!

वक्त की निरन्तर भाग-दौड़ के बीच
नैतिकता का अवमूल्यन होता देख
मानवता पर भारी पड़ता पुरुषार्थ
संवेदनाओं के अधर काँपते से हैं!

रात की बाँहों में दिनों के उजाले
दृष्टि-पटल पर पड़ी मैली सी चादर
व्याख्यानों के उत्सर्ग से उपजा प्रश्न
विवेचना के मूल को ढँपते से हैं!
जब भी सड़क फटती है अचानक
व्यवहारों में सदियों का परिवर्तन
विद्यननता की ओछी चाल
वैचारिक ऊँचाइयों को भाँपते से हैं!

सुबह से विद्यमान प्रकाश का शोर
बरगद से लिपटी लट में अपनत्व का जोर
समस्त ऊर्जा को केन्द्रित करने की होड़
वास्तविकता के धरातल से भागते से हैं!

पक्षी-समय!

सुबह की धुंध और साँझ की छाया
क्या किसी अन्तर को व्यक्त करते हैं
या फिर यह परिवर्तन का संकेत है
कि समय सर्वदा गतिशील रहता है!

सुबह का अँधेरा, अँधेरा मिटने का एहसास
गोधूलि और सूरज डूबने का प्रतिबिम्ब
एक का दूसरे के बाद आना
कि समय सर्वदा गतिशील रहता है!

सुबह की काली परत चिड़ियों का चहकना
साँझ की बिखरी लालिमा, घोंसलों में लौटना
परिदृश्य है चिरकाल का सर्वव्यापी होना
कि समय सर्वदा गतिशील रहता है!

सुबह का बदलाव, साँझ का परिवर्तन
बीच में बिखरे समय का आभामंडल
अनादि का अन्त से, अन्त का अनादि से
कि समय सर्वदा गतिशील रहता है!

गर लौट सको तो!

अब कैसे कहूँ क्या हाल हुआ, जब छोड़ गए थे तुम मुझको
बीतीं सब रातें जगते हुए और नींदों को हम तरसे थे
जिनके बहने से था तेरी गलियों में सैलाब आया
वो बादल नहीं मेरी आँखें थीं, जो जमकर उस दिन बरसे थे।

खुशियाँ, जो बिखरी कूट-कूटकर ऐसे कोई उसको लूट गया
जो जगमग था, वो भोर का तारा, मानो अम्बर से टूट गया
टूटे काँच के ख्वाबों में फिर कुछ ऐसे तकरार हुआ
तेरे हाथों की मेहँदी न मिली, फिर हिना से हमें न प्यार हुआ।

वो दरिया जो बहता रहता, अब उसमें कोई उफान नहीं
जिस्म मेरा पर मैं गुम हूँ और खुदी का कोई निशान नहीं
मैं अब भी उसी चौखट पर हूँ पर घर का कोई ध्यान नहीं
बस खामोशी सुनता रहता हूँ चूड़ी-पायल की अजान नहीं।

मन मेरा बंजर सा बिखरा, जब से है तेरा साथ नहीं
सब कुछ है दिखता उजला दिन है ये रात नहीं,
महुवा की टप टप है और सरसों से पटी सारी धरती
याद दिलाती ओढ़नी तेरी और तो कोई बात नहीं।

एक उम्र अकेले घिस-घिसकर मैंने रेखाएँ तराशी है
शेष रह गया जो, फिर भी वह मेरे मन की उदासी है
सपने जो संग सजाए तेरे सब रंग भरना है उनमें
गर लौट सको तो लौट आओ आँखें अब भी प्यासी हैं।

तेरी दहलीज!

मुझे मालूम है कि तेरी दुनिया नहीं हूँ मैं
तू हीर न हुई तो क्या राँझा रहा हूँ मैं
हुआ जब भी तेरा जिक्र तो मुझमें साँस आती है
मेरी राहें भी अकसर मुझे तेरे घर खींच लाती हैं।

तेरी रुसवाइयों के चर्चे जमाने में छिड़े फिर भी
जरा सी आरजू लेकर अड़ा हूँ सामने अब भी
तेरे दहलीज से वापिस गर मैं खाली हाथ जाऊँगा
भला कैसे ये लाचारी मैं दुनिया को दिखाऊँगा?

न फूल हों दामन में तो काँटे ही बिछा देना
न मन करे फिर भी जरा सा मुस्करा देना
मेरे पाँवों से रिसते रक्त हँसते ही रहते हैं
यही हासिल-ए-मुहब्बत है, ऐसा लोग कहते हैं।

यही क्या कम है कि उनकी गलियों से गुजरा है
नूर-ए-जन्नत को देख कोई क्या ऐसे मुकरा है?
तुझसे इतनी मुहब्बत है कि तुझे कोई तकलीफ न दूँगा
मेरे होने का गर गम है तो ये दुनिया छोड़ भी दूँगा।

मेरे मौला रहम करना यहीं कुर्बान हो जाऊँ
उनके काले-घने गेसूँ में फिर से मैं छिप जाऊँ
वहीं सूखूँ, वहीं फूलूँ, वहीं उग-उगकर मैं आऊँ
कयामत तक ये दहलीज मगर न छोड़कर जाऊँ।

विसंगति

जान का देखो मोल कहीं पर
कहीं साँस है खोटी रे!
बिखरे पड़े कहीं पिज्जा बर्गर
कहीं सूखी-चिपड़ी रोटी रे!

कहीं शाम है भीगी फव्वारे से
कहीं फसल पड़ी है परती रे!
सत्ता की चर्चा छिड़ी कहीं पर
कहीं रातें बीती सिसकती रे!

कहीं दिखें बच्चे हाथी से
कहीं हाड़-मांस का लोथा रे!
हद से ज्यादा कनक कहीं पर
कोई पाई-पाई को रोता रे!

कहीं अंग्रेजी के बोल खिले
कहीं टाट पर फैली शिक्षा रे!
कहीं फोन पर डॉक्टर हैं आते
कहीं मिलती हैं केवल भिक्षा रे!

हल-वालों की बिसात ही क्या?
बैलों का पिंजर दिखता रे!
छोटे-छोटे कर्ज तले जब
घड़ी-घड़ी वह बिकता रे!

कहीं मौका है आगे बढ़ने का
कहीं बिखरी अर्थ की लाठी रे!
कहीं शान से सोना-उठना
कहीं रात में केवल फाँसी रे!

चला गया जो चला गया
कौन रहा फिर बाकी रे!
दुःख-भूख में रोते छप्परवाले
कोई संगी न साथी रे!

कुछ दिन चर्चा अखबारों में
अलग-अलग सब बोली रे!
फिर चुपके से कर देता इंडिया
भारत से आँख-मिचौली रे!

सब्जबाग

सब्जबागों की हरी छाँव न दिखाओ मुझको
मैं बरसा हुआ बादल हूँ न बुलाओ मुझको!

शाख-ए-दिल में कभी गुल खिला करते थे
अनजानी राहों पर दो परिंदे मिला करते थे
बीते हुए पलछिन अब न याद आओ मुझको!
मैं बरसा हुआ बादल हूँ, न बुलाओ मुझको!

हाथों को पकड़ ऐसे ही कहे थे कुछ लफ्ज तुमने
टूटे हुए ख्वाबों की छनक सुने थे हाँ मैंने
आसरों की तासीर अब न समझाओ मुझको
मैं बरसा हुआ बादल हूँ, न बुलाओ मुझको!

खुदी से बेखुदी के कठिन सफर में
मैं दरिया था कभी बहता हुआ समन्दर में
सूखे रेत के जर्रों पर न बहाओ मुझको
मैं बरसा हुआ बादल हूँ, न बुलाओ मुझको!

सब्जबागों की हरी छाँव न दिखाओ मुझको
मैं बरसा हुआ बादल हूँ, न बुलाओ मुझको!

एक दीया

एक फलक पर सूर्य बैठा एक फलक पर चन्द्रमा
दोनों के प्रेम-मनुहार के मध्य बैठा था आसमाँ
जब कभी चुपके से सूरज चाँद से मिलने आ गया
जाने किस बात पर लाल हो उठता है आसमाँ।

हम कभी भी अब न आसमाँ से गुहार लगाएँगे
चुपके से जलाकर एक दीया उजाले में सो जाएँगे
गर आसमाँ को है गुरूर अपनी अँधेरी घटाओं पर
छोटा सही पर एक दीये से उजाले भी लहराएँगे।

श्याम रंग आसमाँ के जब एक दिन ढल जाएँगे
जिस फलक पर सूर्य होगा, उसी फलक पर चन्द्रमा
हम आगोश में होंगे कहीं बैठे उजाले की छाँव में
और बुझ गए दीये की कहानी गुनगुनाते जाएँगे।

डराओ, जितनी कि मरजी तुम्हारी!

डराओ, जितनी कि मरजी तुम्हारी
कि कुरसी पर बैठे हो है हुकूमत तुम्हारी।

डराओ, मगर याद इतना तुम रखना
कि डर की भी सीमा होती है प्यारे
जहाँ सबकी साँसें गिरवी हैं प्यारे
ऐसा न हो किसी रोज सबेरे ही उठकर
जान जाए यह जनता तुम्हारी अय्यारी
डराओ, जितनी कि मरजी तुम्हारी
कि कुरसी पर बैठे हो है हुकूमत तुम्हारी।

कभी किसी की बातों का कोना पकड़ते हो
कभी भूखे-नंगों का सोना पकड़ते हो
फटे-हाल लोगों को न राह दिखाई
लगते हो देने बीते सालों की दुहाई
कभी जिसने हिम्मत करके कुछ बोला
तुमने कानून से उसका ताला है खोला
मुफ्त में मारी जाती है जनता बेचारी
डराओ, जितनी कि मरजी तुम्हारी
कि कुरसी पर बैठे हो है हुकूमत तुम्हारी।

हाथों ही हाथों में सेठ तुम्हें तौलते हैं
मुकद्दर का सिकंदर लोग तुम्हें बोलते हैं
जहाँ जाते जनता से हुँकारी भराते हो
अपनी ही सारी लाचारी गिनाते हो
लेकिन हे निष्ठुर न तुमने यह सोचा
कभी जनता की लाचारी को तुमने पूछा?
यही पाँच सालों में जाके लाइन लगाएँगे
वोटों से अपने किसी और को बिठाएँगे
अगर अपने कामों से दोगे जनता को झटका
कुरसी से हटने की फिर कर लो तैयारी
डराओ, जितनी कि मरजी तुम्हारी
कि कुरसी पर बैठे हो है हुकूमत तुम्हारी।

बादलों की ऊँचाई पर!

बादलों की खिड़कियाँ खोलते हैं
चलो मिलकर चाँदनी को ढूँढ़ते हैं!

रुई के फाहों के धुंध में
शायद कहीं गुमसुम सी बैठी हो
अपनी नरमाई में लिपटी हुई
हौले से उसके पलकों को खोलते हैं!

रात भर स्रोती रही मेरे बागों में
चाहकर भी मैंने उसे नहीं जगाया
शीशे की चाशनी से आती रही छनकर
बेफिक्र हो हम उसे पूरा ओढ़ते हैं!

जब नींद खुली तो उसे गुम पाया
अब सूरज के ताप का मैं सताया
वह नहीं उसकी शीतलता भी नहीं
कहाँ है गुम, अब बस यही सोचते हैं!

बादलों की खिड़कियाँ खोलते हैं
चलो मिलकर चाँदनी को ढूँढ़ते हैं!

मैं बन के फिरूँ कृष्ण तुम्हारा!

शस्य श्यामला यमुना तट अब महलों की मथुरा
स्वच्छंद फिरा, जो वन-उपवन राजपाश में था जकड़ा
थी बरसाने मथुरा में दूरी पर प्रेम को जिसने साधा
मैं बन के फिरूँ कृष्ण तुम्हारा तुम बन जाओ मेरी राधा!

जब तक होंठों पर थी मुरली ब्रज में संगम होता रहता
चक्र का बोझ अब हाथों में किससे कहता कैसे कहता?
भावों पर टिका था पूर्ण प्रेम, कभी मिलन बनी न बाधा
मैं बन के फिरूँ कृष्ण तुम्हारा तुम बन जाओ मेरी राधा!

घिरा हुआ अपनों से ब्रज में मथुरा में मन भी छोड़ गया
हर पहर प्रतीक्षा करते-करते स्वप्नों को भी तोड़ गया
प्रेम-वेदना दोनों सहते रहते बाँट बराबर आधा-आधा
मैं बन के फिरूँ कृष्ण तुम्हारा तुम बन जाओ मेरी राधा!

नर से तू नारायण बन

क्यों है तू रुक-रुककर चलता रण से क्यों है पीछे हटता
खोल दे उर के सब बन्धन, नर से तू अब नारायण बन!

मृत्यु अगर निश्चित है तो जीवन-पथ भी सच्चा है
काट पगों की हर जकड़न नर से तू अब नारायण बन!

मत आस लगा सुख छाया की जीवन दुःख की ही सरिता है
दुःख में ही रमा ले मन नर से तू अब नारायण बन!

एक बात मेरी एक रात मेरी!

एक बात मेरी एक रात मेरी
जब तन्हाई में याद करोगी
एक ऐसा भी लड़का था
मुझे प्रेम जो करता था!

अभी तो चंचल यौवन है
खिला हुआ हर अंग-अंग है
नैन-नक्श सब तीखे हैं
केशों का रंग सुनहरा है!
जब ये यौवन ढल जाएगा
तन पूरा ही सिकुड़ जाएगा
नैन-नक्श भी फीके हो जाएँगे
केश सफेद हो जाएँगे
फिर याद करोगी तन्हाई में
एक बात मेरी एक रात मेरी
एक ऐसा भी लड़का था,
मुझे प्रेम जो करता था!

कुछ और साल जो बीतेंगे
हाथ तुम्हारे पीले होंगे

किसी की भाभी किसी की मामी
पल भर में तुम बन जाओगी!
रिश्ते होंगे चारों तरफ
फिर भी खुद को अकेला ही पाओगी
न मन की सुनेगा बात कोई
ढूँढ़ उठोगी कोना-कोना
फिर याद करोगी तन्हाई में
एक बात मेरी एक रात मेरी
एक ऐसा भी लड़का था
मुझे प्रेम जो करता था!

धीरे-धीरे उमर ढलेगी
बच्चों के भी बच्चे होंगे
एक शाम अचानक ऐसे ही
घर में जब सिर्फ पोती होगी
चुपके से पीछे तुम्हारे जाकर
गले में बाँहें डाल पड़ेगी!
'कहा था दादी तुमने एक दिन
मुझको कहानी सुनाओगी!'
उसको कहानी सुनाते-सुनाते
माथे को उसके सहलाओगी
प्यार भरी थपकी पाकर
जब नन्ही गुड़िया सो जाएगी!
फिर याद करोगी तन्हाई में
एक बात मेरी एक रात मेरी
एक ऐसा भी लड़का था
मुझे प्रेम जो करता था!

तुम्हारी देन!

लहराते केश कभी मुक्त-छंद से
कभी जुड़ों की तुकबन्दी से लय डाल देती हो
आँचल में भरकर गेयता कभी सिर पर धरे
देखते-सुनते इन्हें मैं गीतकार बन गया!

अधर तुम्हारे कुमुदिनी, चाल गजगामिनी
हर कदम पर प्रीत का नया प्रसंग छेड़ती
अँगुलियों को मोड़-खोल विस्तार तुम बनाती जो
जोड़-तोड़कर उन्हें मैं कहानीकार बन गया!

सृष्टि की संवेदना तुम्हारी पलकों पर टिकी
नख से लेकर शिख तक शिल्प का पर्याय तुम
वसन्त से शिशिर के पसरे सामीप्य में
लड़ते-झगड़ते तुमसे मैं साहित्यकार बन गया!

जरा ठहरो न इस छाँव सखा!

जरा ठहरो न इस छाँव सखा
तकने दो गुजरा पड़ाव सखा!

यह वही पड़ाव, जिसपे रुककर
बातें करते थे हम हँसकर
चलती रहती थी राह सखा!

जरा ठहरो न इस ठाँव सखा
तकने दो गुजरा पड़ाव सखा!

यह पड़ाव बहुत कुछ कहती थी
बस सपने बुनते रहती थी
जीवन में भरा था राग सखा!

जरा ठहरो न इस ठाँव सखा
तकने दो गुजरा पड़ाव सखा!

इस पड़ाव से गुजरे हो तुम भी
इस पड़ाव से गुजरे हैं हम भी
रह गई यादों की पिटार सखा!

जरा ठहरो न इस ठाँव सखा
तकने दो गुजरा पड़ाव सखा!

कुछ रेलगाड़ी से!

मैं मुक्त छंद सा चंचल
तुझमें गीतों की लयता है
मैं भावों की सघन से उपजा
तुझमें जीवन की कविता है!

तुम्हें जो कहना कह देते हो
मैं शब्दों में फँसा रहा
तुम एक राह पकड़ लेते हो
मेरा कोई पथ न रहा!

तुमको सब गाते रहते
मुझमें सब बुद्धि खपाते
तुम एक लक्ष्य पहुँचा देते हो
मुझसे कोई पार न पाते!

कौन है जीवन की सरिता
जो मुक्त है या बँधा हुआ?
तुम बँधे हुए भी मुक्त हो
मैं मुक्त होकर बँधा रहा!

भटकती आत्मा

ब्रह्मराक्षस कहो मुक्तिबोध का
या समय के शोध का
मन के अतल गहराइयों में धँसा
मैं भटकती आत्मा!

दो क्षणों के बीच के अनगिनत क्षण
जाना समय के इस छोर से उस छोर तक
गिन रहा टिक-टिक-टिक घड़ी सा
मैं भटकती आत्मा!

दशों दिशा बस रक्त की दीवार है
घुट रहा दम प्यास से बेहाल है
मूर्च्छित पड़ा है होश में निढाल सा
मैं भटकती आत्मा!

न मार्क्स से सन्तुष्टि मिली
न गांधीवाद ने दिया सहारा
इक्कीसवीं सदी में त्रिशंकु सा
मैं भटकती आत्मा!

एकता में अनेकता

क्यूँ पूरब है क्यूँ-कर पश्चिम?
क्यूँ-कर उत्तर क्यूँ है दक्षिण?
इस अखंड देश को किसने खंड-खंड कर डाला है?
कभी धर्म, कभी जाति-पाँति कई टुकड़ों में कतर डाला है!
कहीं क्षेत्रवाद के नारे तो कहीं है गूँज आरक्षण की
कहीं होता चारा घोटाला कभी बातें गो-रक्षण की
कहीं भूख की लपटों में माँ की लोरी रोती है
अकसर बच्चों के संग वो भूखे पेट ही स्रोती है
कहीं किसी की ऐयाशी पर करोड़ों रुपए बहाए जाते हैं
कहीं छब्बीस रुपए में केवल लोग अमीर बनाए जाते हैं
सुनो देश को तोड़नेवालों सीमा होती टूटन की भी
नहीं बढ़ा सकते दबाव सीमा होती घुटन की भी
मत भूलो की अन्तिम टुकड़े को परमाणु कहा जाता है
ज्यादा दबाव हो इस टुकड़े पर तो यह परमाणु-बम बन जाता है
अब और न तोड़ो भारत को कि हर टुकड़ा एटम-बम बन जाए
इस वसुंधरा पर फिर कोई जीवन शेष न रह जाए
इस वसुंधरा पर फिर कोई जीवन शेष न रह जाए!

पीड़िता

पुन: अन्तर्नाद एक पीड़िता की
क्षत-विक्षत तन और अस्मिता की
राक्षसों से भी भयंकर अत्याचारी यहाँ
क्यूँ-कर बचेगी लाज अब धरा की!

माता-बहन-पत्नी यहाँ सुरक्षित नहीं
यहाँ काटते श्वान हैं बस भौंकते नहीं
नारी को कह देवी बस पूजते हैं
और समय-समय पर लहू उसका चूसते हैं!

भूल चुके हैं इतिहास सब कुरुक्षेत्र की
द्रोपदी का चीर-हरण और उसके परिणाम की
चाहे ही बलशाली हो कितना रावण कहीं
सजा उसको भी मिली है जानकी के शाप की!

कुछ दशक पहले महादेवी ने लिखा था
नारी को 'नीर भरी दु:ख की बदली' कहा था
कैसे भला उसे अबलत्व से मुक्ति मिले?
क्यूँ-कर किसी ने परिवर्तन को सत्य कहा था?

भटकन!

व्याकुल मानव क्रंदन जीवन
खंडित स्वप्न तिस पर आमोद
रिक्तता जड़ में, हो पर्णविहीन
आत्म-प्रवंचना और प्रमोद!

प्रथम चरण सूर्य-किरण ममता गोद
नभ छाया बंधु-सखा घर-आँगन
अब विकल मन त्रस्त समर गोद-विहीन
रक्तिम नैन कंपित कर सूना-कानन!

स्रोत-अल्प सामर्थ्य-अधिक अपनत्व-पतन
सम्बन्ध वही जटिल हृदय शून्य-बोध
लक्ष्य-क्षरण पथ-हरण शोकुल-तन
युद्ध छोड़ भटकन शून्य-शोध!

वेद पढ़े उपनिषद्-पंडित अधीरपन
कस्तूरी-खोज, मृग सी क्षण-निर्मूल
सन्त वाणी, स्वयं मन में है ज्ञात
हे मानव! एक बार बस देखो मूल!

वक्त के साथ

वक्त के साथ एक दिन जिन्दगी ढल जानी है
फिर नहीं मिलेगा तुझे दे डाल जो तेरी निशानी है
किसकी याद में तू यूँ ही तड़प रहा है
क्या तुझे पता नहीं ये वक्त फिर न आनी है!

देख! उसके आगे वक्त ने कर दिया समर्पण है
क्योंकि उसने वक्त को बना डाला दर्पण है
आज वही वक्त उसके साथ-साथ चलता है
जो कर रहा है इंगित यही जिन्दगानी है!

वक्त ही इस काल का इकलौता आधार है
वक्त से सुबह होती और होती हमेशा शाम है
वह वक्त के मूल्य को अच्छी तरह समझता है
उसे अपने दिल में फिर से लानी नई रवानी है!

देख! उसे वक्त सच्चे उपहार दे रहा है
दे रहा दृढ़ निश्चय और दे रहा ज्ञान है
जब भी वह वक्त को अपने दिल से निकालता है
उस वक्त उसकी आँखों में नजर आता सिर्फ पानी है!

उसने अपने मन को एक तथ्य से भर डाला है
उदय होता है सूर्य वहीं जहाँ जलती एक ज्वाला है
वह वक्त के साथ ही 'अमर' प्रेम करता है
क्योंकि वह समझ चुका है, इसी् का नाम जवानी है!

नाव

नाव भँवर में फँस चुकी जीवन समुद्र सा लग रहा
प्रारब्ध छुप गया सा है किनारा दूर हट रहा
देख गगन के सूर्य को हम खुद को ही मनाते हैं
अश्क भी कभी-कभी आँखों से रूठ जाते हैं!

निकला था, जब सफर पे सबने कहा सँभल के
आगे बढ़ेंगे पग, मगर रोकेंगे वादे कल के
पैरों में हैं बेड़ियाँ, उनसे न छूट पाते हैं
अश्क भी कभी-कभी आँखों से रूठ जाते हैं!

बादल बरस रहे हैं बिजली कड़क रही है
जाने धरा ये कैसे आवेग सह रही है
उस पर भी अधीर लोग जश्न सा मनाते हैं
अश्क भी कभी-कभी आँखों से रूठ जाते हैं!

सदियों से था निरन्तर वो वक्त थम गया है
शायद किसी की याद में पत्थर सा जम गया है
देख तेरे चेहरे को हम अब भी मुस्कराते हैं
अश्क भी कभी-कभी आँखों से रूठ जाते हैं!

भीगी पलकें!

है प्रज्वल्लित दीप अभी उन सपनों के जो देखा था
है स्पंदन अब भी दिल में जो यादों में तेरे धड़का था
है हलचल अब भी कदमों में जिस पर कभी मैं थिरका था
हैं अब तक भीगी वो पलकें जिनमें आँसू बिखरा था!

है माह वही, मौसम भी वही, मगर आज मैं तनहा हूँ
चक्र समय का चल रहा, बन गया आज मैं नगमा हूँ
दिन-प्रतिदिन होता है मंथन यादों का जड़ कुछ गहरा था
हैं अब तक भीगी वो पलकें, जिनमें आँसू बिखरा था!

है रात वही, दिन भी वही, पर नींद कहीं खोई सी है
सन्नाटा फैला उपवन में कली कहीं रोई सी है
कितना खिलता था, ये मन माली का इस पर पहरा था
हैं अब तक भीगी वो पलकें, जिनमें आँसू बिखरा था!

है पंख वही आकाश वही उड़ने से मगर डर लगता है
धुआँ-धुआँ सा फैला उपवन में स्पष्ट नहीं कुछ दिखता है
पीली पड़ी सूरज की किरणें जिसका ध्वज कभी फहरा था
हैं अब तक भीगी वो पलकें, जिनमें आँसू बिखरा था!

टूटन

ऐ हृदय बता दे, मैं तुझको क्रूर कहूँ या शूर कहूँ
या फिर तेरी विह्वलता के धारा के ही साथ बहूँ
पर निगमन क्यों-कर हो मेरा जब तू ही डूबा सा है
आज मेरे नगमों में फिर से एक सुर टूटा सा है!

भाव-भंगिमा के शब्दों का तुझे तनिक न ज्ञान है
क्या समझेगा उन कदमों को जिनसे तू अनजान है
है चंचलता के हिचकोले या फिर वो रूठा सा है!
आज मेरे नगमों में फिर से एक सुर टूटा सा है!

जिस रग में ज्योति जलती है उसको तू न जान सका
था पुष्पित जब वो सावन उनको न पहचान सका
सिसक पड़ी बुलबुल की राग, जो अब तक अटका सा है
आज मेरे नगमों में फिर से एक सुर टूटा सा है!

अवगाहन कर, अब क्या करना निशाँ नहीं जब बाकी है
जिसके सहारे खड़ा हूँ, अब तक 'वो एक' मेरा साकी है
पर आज अचानक अब वो भी सपनों में उलझा सा है
आज मेरे नगमों में फिर से एक सुर टूटा सा है!

एक नया स्वाभिमान!

वस्तु-विषय या अपलक पथ किसका मैं गुणगान करूँ?
निज-स्वार्थ तपस्या छोड़कर क्या कर्मों का अनुनाद करूँ?
क्या बिखरे के शब्दों के मोती ढूँढूँ अन्त अनन्त का?
या फिर तज सारी चंचलता एक नया स्वाभिमान बनूँ?

क्षण-भंगुरता के अश्कों को क्या सूर्य से पीना मैं सीखूँ?
अधर्म-अग्नि से तप रही धरा को क्या मेघ बनकर खुद सींचूँ?
हरित कपोलों से मिलकर क्या वृक्षों का निर्माण करूँ?
या फिर तज सारी चंचलता एक नया स्वाभिमान बनूँ?

विघटित होते बन्धन के जड़ क्या उनको जाकर मैं जोड़ूँ?
क्या दैत्य सरीखी और अमानवीय विह्वलता को मैं छोड़ूँ?
सजा कनिष्ठा पर गोवर्धन क्या असत्य के गर्व को चूर करूँ?
या फिर तज सारी चंचलता एक नया स्वाभिमान बनूँ?

अदृश्य रक्षक!

दिया जगत् को नीला अम्बर रचा है, फिर भी उसने बादल
और हमारी छाया हेतु लहराया हवाओं का आँचल
कोटि-कोटि चेहरे हैं, फिर भी एक तेरी ही आस है
कितना बड़ा है आखिर वो रक्षक, जो दिखता नहीं पर पास है!

असमंजस की हैं ये घड़ियाँ बादल के भी दो रूप हैं
एक श्वेत-श्वेत सा लगता है एक निश्चित जल का रूप है
पर बाँध रखा है परतों में तूने, लगते सब एक साथ हैं
कितना बड़ा है आखिर वो रक्षक, जो दिखता नहीं पर पास है!

सूरज से गरमी देता है तो चाँद से ठंडक पहुँचाता है
दुःखों के तूने पहाड़ दिए हैं पर खुशियों से भी मिलवाता है
ये तेरे बनाए सारे नियम ही इस जग की बुनियाद है
कितना बड़ा है आखिर वो रक्षक, जो दिखता नहीं पर पास है!

यदि तूने हैं रूप बदले तो मिलन भी तूने कराया है
कितनों से नफरत है दिल में पर प्रेम भी तूने सिखाया है
अब आगे तेरे चरणों में ही मुझको खो जाने का विश्वास है
कितना बड़ा है आखिर वो रक्षक, जो दिखता नहीं पर पास है!

दूर या पास!

जो मौसम उनके बागों में है, वो मेरे सपनों में भी है
बदल के इस रूप को मेरे मौसम ने उनको बदला भी है
उनका ही अब अक्स सजा है उनका ही परवाज है
क्यूँ-कर कहूँ मैं दिल से, वो दूर है कि पास है!

जो हवा है उनके चारों तरफ, वो मेरा भी स्वागत करती है
घोल के उनके मन की खुशबू, वो मुझमें ही तो विचरती है
उनसे ही मिलती हैं खुशियाँ, उनका ही सन्ताप है
क्यूँ-कर कहूँ मैं दिल से, वो दूर है कि पास है!

जो तारें उनके छत पर हैं, वो मुझसे भी तो मिलते हैं
मुझको मिलाते हैं उनसे, इसलिए तो वो चमकते हैं
चन्द क्षणों का जीवन अपना, अब भी मेरे साथ है
क्यूँ-कर कहूँ मैं दिल से, वो दूर है कि पास है!

जो बादल उनके आँगन में हैं, वो मुझ पर भी तो बरसती है
ये बात अलग है कि पलकें ही, अब बोझ उनका सहती हैं
उनके खयालों का अम्बर है, उनका ही एहसास है
क्यूँ-कर कहूँ मैं दिल से, वो दूर है कि पास है!

आज और कल!

बीते दिनों की वो यादें रह-रहकर अब आते हैं
अकसर साँझ पहर से ही अक्स उनके टकराते हैं
लहर बड़ी चंचल सी है, आखिर साहिल के मध्य जो है
पर पूछे कोई किनारों से क्या, उनका मिलन कराते हैं?

कभी समेटा है एक पल को, कभी सिमटा हूँ एक पल में
कभी उमड़ा है पलकों में बादल, कभी है आँधी अन्तर्मन में
कभी घर सपनों के नयन में कभी नयनों के ख्वाब बसे हैं
इतने सारे धरती और अम्बर मेरे एक छोटे से जीवन में!

था समय कभी वो पास मेरे, जो रेत सा फिसला करता है
उलझा यूँ अब यादों के बीच, पल भी नहीं अब कटता है
रेत में घायल ऐसे पड़ा हूँ, ऊपर भी एक ताप है
न जिन्दा हूँ, न जीता ही हूँ, सबसे बड़ा अभिशाप है!

काटी हैं जब इतनी रातें तो सदियाँ भी कट सकती हैं
जला है जब भी प्रचंड सूर्य हवा भी गरम चलती है
दुनिया का दस्तूर रहा है आते सब एक साथ हैं
आज अगर है गम की यादें, कल खुशियों की बरसात है!

परिचय

न मैं जड़त्व का पर्यायवाची हूँ, न हूँ अन्त की परिभाषा
न तो टुकड़ों में बिखरा हूँ, न हूँ स्वप्नों की भाषा
न तो संस्कृति का डर है, न ही एक काल हूँ मैं
इन दो कर्मों के हाथों से केवल रचा हुआ त्रिकाल हूँ मैं!

न तो मैं रक्षक ही हूँ, न भक्षक की श्रेणी हूँ
न तो निंदित हूँ किसी से, न मान की त्रिवेणी हूँ
नहीं हूँ मैं अनदेखा, न ही एक पहचान हूँ मैं
इन दो कर्मों के हाथों से केवल रचा हुआ त्रिकाल हूँ मैं!

न आग मुझे जलाती है, न नीर मुझको गलाता है
न तो बन्धन का बादल है, न वायु मुझे बहकाता है
न ही एक प्रहलाद हूँ मैं, न ही अनन्त अभिमान हूँ मैं
इन दो कर्मों के हाथों से केवल रचा हुआ त्रिकाल हूँ मैं!

न नींद है मेरी आँखों में, न जगा हुआ ही रहता हूँ
न सावन की चाह है मन को, न पतझड़ ही सहता हूँ
न तो है मुझमें भेद का ज्ञान, न ही एक समान हूँ मैं
इन दो कर्मों के हाथों से केवल रचा हुआ त्रिकाल हूँ मैं!

सन्दर्भ-प्रसंग!

समेटे हुआ था व्याग्र मन और साँसों में सूरज की आग
चेहरे पर अवसाद था झलका तन भी बिन जड़ों का भाग
कदमों में एक मादकता थी, आँखों का ही सहारा था
सन्दर्भों का एक पंडित आज प्रसंग से हारा था!

छोड़ अनन्त को रण में पीछे स्वप्नों पर किया अधिकार
तार-तार कर इच्छाओं का अक्रियता पर किया प्रहार
कुचल के भोग-विहार महत्त्व कर्म का स्वीकारा था
सन्दर्भों का एक पंडित आज प्रसंग से हारा था!

जोड़-जोड़कर कण-कण को ऊँचा प्रासाद बनाया था
सींच पसीने से धरती अब तक सब उपजाया था
संस्कृति के पदचिह्नों पर चल शक्ति का बंजारा था
सन्दर्भों का एक पंडित आज प्रसंग से हारा था!

दिन बीते कुछ युग भी बीते और बिखरा अन्दर का ज्वार
तोड़ दिए कुछ सारे नियम ठुकराया मैं का प्रतिकार
ध्वंस हुआ यूँ कर्मों का बन्धन गोद ने जिसके वारा था
सन्दर्भों का एक पंडित आज प्रसंग से हारा था!

भूत और भविष्य!

जो घटित हुआ वो स्थिर है, नहीं कभी वह बदला है
कल के बारे में सोच रहा मन, हुआ आज फिर पगला है
दोनों के हैं अर्थ निरर्थक, फिर भी क्यूँ ऐसा प्रतिवाद
क्यूँ-कर हुआ ये आज से पहले क्या होगा, फिर कल के बाद?

जब था तू जीवन के अन्दर, कल के बारे में खोया था
नेत्र खुले जब सृष्टि में तेरे भूत ही कंठ से रोया था
आज हुआ है उद्भव तेरा, फिर आज से क्यूँ ऐसा आगाज
क्यूँ-कर हुआ ये आज से पहले क्या होगा, फिर कल के बाद?

चढ़ पगडंडी पर तूने जब कल को फिर से निहारा था
उस पल तेरे मन को आखिर लगा पूर्व ही प्यारा था
केवल कल की मीमांसा में सुन न सका अब की आवाज
क्यूँ-कर हुआ ये आज से पहले क्या होगा, फिर कल के बाद?

पाँव पसार अनन्त में, फिर से तूने सोचा कल का
जब अन्त समय आया, चलचित्र चला फिर से पिछलों का
इन दो शब्दों के जंगल में इतने जीवन क्यूँ बरबाद
क्यूँ-कर हुआ ये आज से पहले क्या होगा, फिर कल के बाद?

मैं और मेरा!

मेरी ही बातें, मेरी ही दुनिया, मेरा ही है सपना भी
मेरी है सृष्टि, मेरी है भक्ति, मेरा ही है अपना भी
मेरा ही रूप, मेरी ही शक्ति, मेरा ही गुणगान है
मेरे ही नेत्र, मेरे ही अश्क, मेरा ही विज्ञान है!

मेरा ही सूर्य, मेरा ही चाँद, मेरा ही प्रहलाद है
मेरे ही बादल, मेरा ही जल, मेरी ही बरसात है
मेरी ही गर्जन, मेरी ही तड़पन, मेरा ही परवाज है
मेरे ही शब्द, मेरे ही बोल, मेरा ही आगाज है!

मेरा ही बन्धन, मेरा ही शरीर, मन भी मेरा ही है
मेरा ही पग, मेरा ही रस्ता, अधिकार भी मेरा ही है
मेरा ही अनन्त, मेरा ही अन्त, मेरा ही संधान है
मेरा ही बाग, मेरे ही पुष्प, मेरा ही निर्वाण है!

मेरी है अग्नि, मेरा है जल, मेरा अखंड ब्रह्मांड है
मेरा है विनाश, मेरा है विकास, मेरा ही अशान्त है
सब कुछ जब मेरा ही है, भटक रहा हूँ फिर क्यों ही?
इतना सब परखा है मैंने, मेरा नहीं मैं क्यों ही?

एक जीवन!

बूँदों से ही जुड़ा था मैं, बूँदों में ही बिखरा हूँ
ब्रह्मांड से चौड़ा हूँ पर गलियों सा भी सँकरा हूँ
अक्स है मेरा आईने में, मैं खुद भी एक दर्पण हूँ
जीवन है मुझको अर्पित, मैं भी उसको अर्पण हूँ!

विकराल गरजता है मुझ पर, मेरे भी अन्दर गर्जन है
अगर तड़पता है वो, तो मेरे भी अन्दर तड़पन है
बेकल किया है उसने मुझे, तो बेकल है वो खुद भी
अगर तपिश है मेरे अन्दर, तपा है पर वह खुद भी!

बन्द किया है आँखें उसने, पर मन को तो खोला है
अधर खुले भी न थे, लेकिन कर्मों ने तो बोला है
अखंड को मथ कर ही अमृत कलश को पाया है
क्या सुने सृष्टि की बातें, सबके लिए यह माया है!

देना है यदि अब कुछ, तो कर्मों का एक बन्धन दे
शब्दों का निर्माण कर सकूँ, कुछ ऐसा ही एक गुन दे
सबके लिए हो एक भाव, ऐसा ही एक मन दे दे
मुझको रचनेवाले रचयिता, मुझको एक जीवन दे दे!

नई सोच!

गौर से देखो अम्बर को, देखो इसकी बृहद शान
देखो इसकी विशालता, होगा तुम्हें हृदय सा भान
है कितनी गहराई इसमें, क्या कभी झाँककर देखा है
इसके मस्तक पर बिखरी न जाने कितनी रेखा है!

अब आओ और देखो हाथ बन्द है या खुली हुई
इस छोर से उस छोर तक कितने हाथ हैं जुड़ी हुई
सृष्टि को क्या इसने आगोश में अपने ले रखा है?
देखो अपनी आँखों से, इसने एक बाँध बना रखा है!

देखे क्या अब कदमों को, अनन्त ब्रह्मांड में बिखरा है
बिखराव के रहते पास भी अपनी सीमा में सिमटा है
सारे जगत् का भार केवल धड़ पर अपने सहता है
इतने सारे बोझ हैं देखो, फिर भी सबसे हँसता है!

झाँक के देखो स्वयं का मन, कितनी कड़वाहट बिखरी है
करते रहे प्रेम जो तुमसे, उनके लिए भी जगह सँकरी है
हो बड़े अगर अभिमान है, तो मन को इतना फैलाओ
मित्र तो आखिर मित्र है, शत्रु को भी दिल में बसाओ!

बदलाव!

बहुत कुछ बदला है पिछले कुछ सालों में
हवा का रुख और बदलाव है खयालों में
बदला हुआ नीला गगन बदल गई हैं दिशाएँ
बदल चुकी है पीढ़ी और अब बदली हैं धाराएँ!

सावन की वो डाल भी बदली, बदल गया है झूला भी
रिश्ते बदले, नाते बदले, बदल गया है अब घर भी
हाथों का स्पर्श भी बदला, बदला हृदय का स्पंदन
सुर बदले हैं, ताल भी बदले, बदल चुका है मन!

वाणी बदली, रूप भी बदला, बदला है अन्दर का अस्तित्व
ईर्ष्या बदली, द्वेष भी बदला, बदला है अपना भी मित्व
भूख भी बदली, प्यास भी बदला, बदला है कदमों का वेग
नींद बदली, दीवारें भी बदली, बदला जीवन का संवेग!

कर्म भी बदले, धर्म भी बदला, बदली अनन्त की परिभाषा
आह्वान बदला, छाया बदली, बदल चुकी मिलन की आशा
आभा बदली, कान्ति भी बदली, बदलाव हर सुध में है
सब कुछ है बदला-बदला या बदलाव केवल मुझमें है!

उनके निशान!

वक्त से पहले मंजिलों की उड़ान
हाथों से आसमाँ को छूने का गुमान
असम्भव में करना सम्भव की पहचान
शायद यही हों उनके निशान!

तमस का मिटना, खिलना प्रकाश का
बोझिल कदम पर भार मुस्कान का
रास्ते असमान पर, चाल है समान
शायद यही हों उनके निशान!

रण में बिखरते धुंध की धूलि
सफलताओं से खुद की आँखें गीली
मन निरन्तर कवच स्वाभिमान
शायद यही हों उनके निशान!

दूर तक कुछ अता-पता नहीं
अक्स भी वही, व्यक्ति भी वही
तोड़ते रहे असत्य का अभिमान
शायद यही हों उनके निशान!

बिखरे अनन्त में सन्नाटे की भाषा
खींचता सब कुछ गुरुत्व की आशा
हर प्राप्ति से ऊँचा रहता संधान
शायद यही हों उनके निशान!

समता

क्या ऐसी कोई जगह नहीं
जहाँ विचार असमान न हो
क्या ऐसी कोई वस्तु नहीं
जिसको पाने की चाह न हो!

क्या ऐसी कोई रीत नहीं
जिसको न पूरा करना हो
क्या ऐसी कोई गंगा नहीं
जिसमें जीवन का बहाव न हो!

क्या ऐसा कोई मंत्र नहीं
जिसमें किसी की मात न हो
क्या ऐसा कोई वसन्त नहीं
जिसके पहले पतझड़ न हो!

क्या ऐसा कोई समय नहीं
जिसका कोई अन्त न हो
क्या ऐसा कोई प्यार नहीं
जहाँ प्राप्ति की मार न हो!

अब कहाँ-कहाँ मैं किसको खोजूँ
देखो धरती देखो मन!

कैसे लिख दूँ?

कैसे लिख दूँ?
जीवन मलय की सेज नहीं
आरम्भ अन्त का आरम्भ नहीं
प्यार बिखराव के शब्द नहीं
आँसू बोलों के रूप नहीं!

कैसे लिख दूँ?
दिल को अपनों की चाह नहीं
रोक सके जो, वो बात नहीं
बह जाए वो बूँद नहीं
सिमटे अब वो लाज नहीं!

कैसे लिख दूँ?
सत्य की अब है जीत नहीं
कदमों में कोई रीत नहीं
संशय में समाधान नहीं
भावों की पहचान नहीं!

कैसे लिख दूँ?
कालान्तर में कोई दिवा नहीं

सावन में कोई गिरा नहीं
शब्दों का कोई मोल नहीं
वाणी का कोई तोल नहीं!

कैसे लिख दूँ?

मिलन!

हर बिम्ब में दिखती तेरी झलक
हर भजन में सुनता तेरा अलख
हर रूप में दिखता है तू अब
बता! जरा मिलेंगे हम कब?

सावन तेरे लिए आया है
फूल हैं तेरे लिए खिलें
झूले तुझको ढूँढ़ रहे हैं
बता! कौन से मौसम में मिलें?

बिखराती हवा है तेरी खुशबू
झुकी कदम्ब है तेरी काया
सूरज की चमक तेरे चेहरे से
बता! तू क्यूँ मिल नहीं पाया?

चिड़ियों के हर गान में तू है
मुस्कान में तेरा ही व्यवहार
शीतलता तुझसे चन्दा में
बता! मिलन का कब त्योहार?

उनका स्वप्न!

पैरों में थी पायल और छम-छम उसके गान थे
माथे पर चम-चम चमकती बिंदिया उसकी शान थे
मौसम उसके लिए खुद ही पल-पल बदला था
उसके गेसू में छुपना ही ऐसे मेरे अरमान थे!

उसके झुमकों की छाँव में सूरज आ ठहरा था
अधरों के रंगों का राज बहुत ही गहरा था
मुस्कान जब भी खिलती फूल आ के झड़ते थे
आँखों की सुन्दरता पर पलकों का पहरा था!

काया की बात ही क्या लता थी जैसे झुकी हुई
फूलों से कोमल हाथ एक-दूसरे से गुँथी हुई
चाल ऐसे थी चलती कि मादकता भी लजा जाए
सुनने को उसकी बातें घड़ी भी थी रुकी हुई!

स्पर्श का वो एहसास बिखरा है अब तक मन पर
स्वरों की मधुर तान गूँज रहे हैं कर्ण-पटल पर
क्या उसके बिना जीवन की चाह पूरी होगी?
शुरुआत तो वही हैं, अन्त का क्या पता मगर!

अमर!

अंजुमन में दो पुष्प ला पहले खुद को ही चढ़ा
मंजिल बुला रही तुम्हें अब क'दम आगे बढ़ा
मुस्कराकर परछाइयों से तू अगर डर जाएगा
ज्योति रुदन करेगी तो गीत कर्कश गाएगा!

रोशनी को था बड़ा अभिमान तेरे हाथों पर
बिखर जाए भले ही तन अटल रहे जज्बातों पर
खुद कदमों को बढ़ाकर क्यों है खुद को मोड़ता?
हौसले से लड़ तू लड़ाई संग्राम क्यों है छोड़ता?

हैं अगर जुनून यही बस ऐसे बढ़ता ही चल
मंजिलों को छू जाऊँ इस आरजू में तू मचल
तूफान को मोड़ के कर ले तू उसकी सवारी
चट्टान को देखकर आघात तू दे करारी!

निष्क्रिय तेरे दहाड़ से बन्धन ले के भागेगा
परिवर्तन भी तेरे इशारों पर झूम नाचेगा
याद रख यदि तू गर शहीद हो जाएगा
इस मरी दुनिया में तू अमर कहलाएगा!

उसने कहा था

उसने कहा था मुस्कराना तुम
और हम मुस्कराते हैं
उसने कहा था पग बढ़ाना तुम
और हम मंजिलों को पाते हैं!
रोकता कैसे मुझको मेरा अपना ही कदम
टोकता कैसे मुझको मेरा अपना ही जहाँ
बस एक वादा था
और उसे दुहराते हैं
उसने कहा था मुस्कराना तुम
और हम मुस्कराते हैं!

सिमटता रहा एक लम्हे में सदियों का सफर
हो रहा था अनचाहे वक्त का यूँ असर
शब्द मेरे ही थे, पर
भाव उन्हीं से लाते हैं
उसने कहा था मुस्कराना तुम
और हम मुस्कराते हैं!

हवा में इतनी नमी लगता है कोई रोया है
नींद नहीं, फिर भी किस जहाँ में खोया है

आ जाओ भी वापिस हम उन्हें बुलाते हैं
उसने कहा था मुस्कराना तुम
और हम मुस्कराते हैं!

श्रृंगार!

श्रृंगार को तेरे, मैं क्यों न निहारूँ?
क्यों न तन-मन तुझ पर वारूँ?
यदि धरा है स्वर्ग सी लगती
उसकी सुन्दरता तुझसे ही है!

तेरी कोमलता से जग में फूलों का विकास हुआ
उठकर गिरती पलकों से लज्जा का अवतार हुआ
नयनों से ही तेरे हिरणी चंचलता पाती है
हाथों के लहराने से बुलबुल राग सुनाती है!

तेरे यौवन से प्रेरित हो धूप हमेशा खिलता है
तेरी छाया से आकाश में इंद्रधनुष निकलता है
तेरे केश से शिक्षा ले मेघ घटा बनकर आते हैं
तेरे कदमों की आहट से धीरे से जल बरसाते हैं!

तेरे काया की बात ही क्या ब्रह्मांड में कोई जोड़ नहीं
खिले कपोल पर उजली लालिमा इसका कोई तोड़ नहीं
क्यों-कर कह दूँ कि रचनेवाले ने तुझे बनाया है
तुझसे ही रचयिता ने जग में सुन्दरता को पाया है!

बता दो मुझे!

किस्मत के तीखे वार से न डरने दो मुझे!
सिर्फ तसवीर की तरह न सजने दो मुझे
कोई कारण अगर हो तो बता दो मुझे
चुप रहकर अब और सजा न दो मुझे!

तुम्हारे आने से ही बागों में बहार आई है
मुरझाई कलियाँ आज फिर से मुस्कराई हैं
न आफताब सही पर चाँद ही मिलने दो मुझे
अपने ख्वाबों में तबस्सुम सा खिलने दो मुझे!

पहले मंजिल से हर राह बिखर जाती थी
बन्द मुट्ठी से अकसर पलकें गिर जाती थीं
कड़ी धूप में न मोम सा पिघलने दो मुझे
फिर से नई राह मंजिल की चुनने दो मुझे!

सर्द रातों में भी अब प्रेम की गरमाहट है
जबसे जीवन में तेरे कदमों की आहट है
अपने गीतों में भावों सा सजने दो मुझे
सितार पर एक राग सा बजने दो मुझे!

नहीं है इस युद्ध की शाम!

जीवन की हलचल राहे हैं दामन की खुली बाँहें हैं
रुकना तेरा लक्ष्य नहीं सर्वव्यापी उसकी निगाहें हैं
जब बात आई थी सपनों की, तो सबसे आगे तू ही था
शुरुआत अगर कर ही दी है, तो घेरे तुझको क्यों साए हैं?

बड़ी उम्मीदें थीं तुझसे, जब चिंगारी को जलाया था
अपने कदमों के हुंकार से, ज्वाला को लहराया था
वही कदम हैं, वही हैं राहें, तो आज तू रुका क्यों है?
याद कर उस चोटी को जिस पर ध्वज फहराया था!

अपने हाथों की ताकत से जंजीरों को तोड़ा था
कर-कमलों के एक प्रहार से चट्टानों को फोड़ा था
पर आज तेरे हाथों को पुष्प-हारों ने बाँध रखा है
कभी अपने निश्चय से हवाओं का रुख मोड़ा था!

सारे तेरे अंग वही है तो क्यों विचलित अब है?
तेरे इस अग्निपथ को निहार रहे अब सब हैं
तोड़ दे मादकता का बन्धन, छेड़ दे फिर संग्राम
जीवन भर लड़ना है, नहीं हैं इस युद्ध की शाम!

अनामिका

अधीर-नैन, प्रतीक्षारत, प्रिय-दर्शन
कंपित-अधर, लाल-कपोल, खुले-लोचन
लाज-आँचल, केश-सुशोभित, मन-चंचल
कुमकुम-सजे, स्वप्निल-हृदय, तन-शीतल
जेठ-प्रहर, अग्नि-लहर, जलता-वेग
निर्निमेष-पथ, आँच का नहीं खेद
उड़ती-धुंध, व्यस्त-समर, दृढ़-गान
सिंदूरी-माँग, प्रेम का संकल्पित प्रमाण
सुर-मधुर, लय-धीर, ताल-अकाट
दो सरिता, दो लहर, किन्तु एक पाट
साँझ-धुँधलका, नभ-लाल, कदम-राग
चमक मुख पर, लाली छाई, धुला विराग
दृग-जल, छलक-छलक बहे कपोल
बीती अमावस, घुला कर्ण सुन प्रिय-बोल!

तेरा रूप!

हैं झील सी चंचल तेरी आँखें
इनमें लहरों की बात ही क्या?
ये गिरी हुई लट चेहरे पर
स्वप्नों का इनमें वास है क्या?
माथे पर चमकती बिंदिया
इनसे चाँद की परवाज है क्या?
ये झुकी हुई पलकें जो तेरी
अम्बर का आगाज है क्या?
बूँदें जो लटकें हैं कर्णों पर
हवा को इनसे आस है क्या?
नासिका पर निखरा ये मोती
सूरज का आभास है क्या?
अधर कपोलों पर बिखरी लाली
पंखुड़ियों के अरमान हैं क्या?
कर-कमलों को जो फैला दो
न सिमटे आकाश वो क्या?
यूँ बजते हैं तेरे पायल हरदम
मिलने का अन्दाज है क्या?

चेक एंड बैलेंस!

आज सुबह चाय की गरम चुस्कियों के साथ
एक नया विचार जाने कैसे मेरे मन में आया
कि समाज की सबसे मूल समस्या का समाधान
देखो किसी तरह समाज के जड़ में है समाया!

हर तरफ है फैला पोलिटिकल करप्शन
ब्यूरोक्रेसी भी हो ही गई है बड़ी टेंशन
कहने को तो चेक एंड बैलेंस की नीति है
पर मेरे विचारों को इसी पर ही आपत्ति है!

चेक एंड बैलेंस की नीति अब बदल गई है
चेक में बैलेंस पूरी तरह से मिल-घुल गई है।
चाहे संसद का पोलिटिक्स हो या ग्राम-प्रधानी
चेक एंड बैलेंस को हर जगह है टाँगें अड़ानी!

प्रश्न यह है कि किसे चेक करें और किसे बैलेंस?
अब नहीं बचा है इस नीति में कोई भी कॉमनसेंस
जब नेताओं एवं नौकरों ने एक लूटनीति अपना ली
तो मैंने चेक एंड बैलेंस की नीति बनाने की ठान ली!

देखता हूँ हर तरफ है फैला समस्या लिंग-भेदभाव की
लेकिन मानो यही मूल आवश्यकता है मेरे अलगाव की
अब एक तीर ही से दो शिकार सम्भव हो सकता है
भ्रष्टाचार के साथ लिंग-भेदभाव भी खत्म हो सकता है!

कुछ ऐसा करो कि सारे पोलिटिकल पोस्ट महिलाओं को दे दो
और सारी-की-सारी ब्यूरोक्रेसी पुरुषों के लिए सुरक्षित कर दो
साथ ही तड़के के रूप में बनाओ, अब एक और नया कानून
ब्यूरोक्रेट नहीं मनाएगा किसी पोलिटिकल महिला के संग हनीमून!

ब्यूरोक्रेट पुरुष, महिला नेत्री से गठजोड़ नहीं कर पाएँगे
क्योंकि ऐसा करने पर वे खुद को दबा हुआ ही पाएँगे
महिला-नेत्री, पुरुष-ब्यूरोक्रेट से कभी न हाथ मिलाएगी
क्योंकि ऐसा कर वो नारी सम्मान का मौका ही गँवाएगी!

अब चेक एंड बैलेंस का नियम पूरी तरह से कारगर होगा
और लिंग-भेदभाव का समाधान भी निःसन्देह पूरा होगा
हर प्रान्त में सुख, सम्पदा एवं ईमानदारी की फसल लहराएगी
भारत फिर से शस्य-श्यामला, सोने के कण-कण से बिंध जाएगी!

आज का भारत!

हर तरफ है बिखरा भेदभाव
कहीं है धड़, कहीं रुधिर स्राव
सन्ताप रही भारत माँ की आँखें
देख आर्यों का विपरीत बहाव!

राजतंत्र का अन्त, फिर लोकतंत्र
लोक हुआ गायब है, यह कैसा मंत्र?
भ्रष्टाचारी बयार बह रही देश में
भारत-भाग्य के हाथों क्यों ऐसा यंत्र?

नौकरशाही की दिशा में हो रहा है परिवर्तन
केवल अधिकारों की बात, नहीं कर्तव्य का बरतन
खीर पाक रही विकास की बीरबली अन्दाज में
कितना धन कोई कैसे निकाले बस यही मंथन!

शिक्षा के स्तर में खाई सी गिरावट
बिन शिक्षा प्राप्त उपाधियों की मिलावट
कभी शुल्क की मारामारी कभी आरक्षण
ज्ञान छोड़ आती केवल अंकों की आहट!

इतनी सारी योजना और कृषि का पिछड़ापन
किताबी आँकड़े झूठे, नहीं वे सत्य का आनन
गरीब और गरीब हो रहा, अमीर और अमीर
अर्थ समाज में अब और मिटा रहा अपनापन!

कहाँ मिली आजादी सन् सैंतालीस में
हाथों की बेड़ी टूटी पर पाँव हैं जंजीरों में
तोड़ सकें ये बाधाएँ वह मन अब कहाँ गया?
कैसे बिखरे हरियाली अब भारत के आँगन में!

वर्षा-ऋतु

आज श्रावण का अरुण-विहीन
दिवा अमावस की रात सा
प्रकाश के तन पर आसीन!

मेघ की स्वर्णिम कालिमा
द्युत आलोक में कौंध रही
आँचल अपना खोल रही!

सलिल-धूलि-कण का संगम
समीर के बन्धन में बहका
दूर कहीं विहंगम चहका!

टूट पड़े फल पा तरुणाई
साथ गर्जन के है निर्मल
कल-कल-कल छल-छल-छल!

सीमाओं की सारी लघुता
पास हुई और प्रगाढ़
पाकर बूँदों की आड़!

मोर नाचते अनन्त ओर
पीहू व नवकल्पों का शोर
नहीं बन्धन की कोई डोर!

ग्राम-संध्या

कुछ झंकृत डालों के स्वर कुछ पत्तों की अबाध उड़ान
कुछ स्वप्नों के नीड़ तले बिखरी हुई अपनी पहचान
कुछ छाया के बीच फैले थोड़े से प्रकाश का भान
कुछ मिट्टी के जड़ों को अलग करता कोई अनजान!

कुछ देर अचानक बाद श्याम मेघ का घिर आना
कुछ देर जड़ों का मिट्टी से कसकर भिंच जाना
कुछ वृक्षों का कंपन से ऐसे ही नीड़ को बहलाना
कुछ पराग के कणों का हौले से आपस में मुस्काना!

सर्वत्र महकती संध्या का दर्पण कुछ देर चमकती रहती
बिजली की गुलाबी आभा से कुछ अपनी बातें कहती
बिहंगों के भीगे परों से जल की कुछ बूँदें भी बहती
घास की हरियाली लालिमा अपने सब कुछ ऊपर सहती!

संकेत शब्द की कुछ लहरें घबराकर कहीं चली गईं
लौट के आ मुझसे पूछा कुछ बूँदें अब कहाँ गईं
कुछ थोड़े से बन्धन जकड़न को आकर तोड़ गईं
संध्या-सुन्दरी मुसककर रात्रि-पहर को छोड़ गई!

अशान्त

मैं अशान्त हूँ या फिर चंचल
कहीं भी मन ठहरता नहीं!
असका दायरा बहुत ही बड़ा है
इसने घेरा डाल रखा है मेरे घर
बाहर तो इसका अधिकार सिद्ध है!

मैं निकलना चाहता हूँ
इस अशान्त के पीछे छिपे सूनेपन से
समेट लेना चाहता हूँ
शान्ति की हर एक बूँद!

सागर न सही,
एक कुआँ तो भर ही सकता है!
सागर ने कब बुझाई है
किसी की प्यास?
हर क्षण कितनी ही नदियों का
मीठा जल समेटता है अपने अन्दर
किन्तु रह जाता है
फिर भी, खारा का खारा!
सोचो! कितने युगों से

वह प्यासा है?
मैं भी अब,
सागर हो गया हूँ!

सूखा कुआँ

पहले रिमझिम सी बारिश थी
सूखा कुआँ तब हरा था
बुझाता था सबकी प्यास!

उसके लिए सब बराबर थे
कुछ दूब भी उग आई थी
उसकी परिधि के चारों ओर

उसने मिट्टी को नमी दी थी और
निर्माण किया था अपने चारों ओर
हरियाली का, तृप्ति का!

समय ने एक करवट ली!
कब रुका ही है समय
किसी एक बिन्दु पर?

सूर्य की चमक तेज हो गई
और तेज, बहुत तेज!
सूख गया सूखा कुआँ!

मिट्टी में पपड़ियाँ पड़ गईं
हरी दूब भी सूख गई!
अब सूखा कुआँ सूखा है
न हरियाली है न ही तृप्ति!

बस प्रतीक्षा है उसे
समय की एक और करवट का!

मैं अधूरा

आधा जीवन, आधी कहानी
आधे स्वप्न, आधी निशानी
सम्पूर्ण शरीर, व्यक्तित्व चूरा
मैं अधूरा!

चले थे कई साथ में, एक से विश्वास में
लक्ष्य तक पहुँचे सभी, मैं रहा परिहास में
श्याम हुए वस्त्र मेरे, रंग भूरा
मैं अधूरा!

आधार के निर्माण में मृदा रहा खींचता
गारा बनाने के लिए श्वेद से मैं सींचता
सूर्य की चमक बढ़ी, सब रहा झूरा
मैं अधूरा!

जले हुए हैं हाथ मेरे, पके हुए अब बाल मेरे
पलकों का भार न उठ रहा लड़खड़ाते चाल मेरे
'सब कुछ' के चाह में 'कुछ' न हुआ पूरा
मैं अधूरा!

मेरा हिमालय

मेरे छत के पाइप से
हर बरसात में
पानी की मोटी धार गिरती है
और मैं देखता हूँ
कृत्रिम-प्रकृति का संगम!
मुझे मेरी चौहद्दी में ही
एक झरना मिल गया है!

लगाया है मैंने, अशोक, ताड़,
आम, अमरूद, केला, गुड़हल,
गेंदा और गुलाब!
घर के पीछे की जमीन
ऊबड़-खाबड़ है,
यही मेरा हिमालय है!

अमरनाथ की यात्रा
बाबूजी के पैर दबाकर होती है
और माँ के गोद में सिर रखकर
गंगोत्री भी पहुँचता हूँ!
फिर हमारे हृदय से प्रेम की

गंगा-यमुना भी निकलती है
जिसमें हर क्षण नहाकर
हम नितान्त शुद्ध हैं!

अर्द्धांगिनी

नया नहीं, कुछ पुराना है तुमसे
साँसों का एक तराना है तुमसे
बहती हुई दरिया के संग बहूँगा
तुमसे ये हर पल मैं तो कहूँगा
तुम ही हो सुबह का कँवल
तुम ही मेरी पहली गजल!

तुम हर पल यूँ गुजरते नहीं थे
तुम बन घटा भी बरसते नहीं थे
पहली नजर में न तुम थे भाये
मुझको तुम्हारे न घेरे कोई साये
पर चाहा है जब से अजल
तुम्हीं मेरी पहली गजल

बातों का एक सिलसिला बन पड़ा था
राहों का एक काफिला बन पड़ा था
चाँदनी भी आकर सुलाती थी हमको
ठंडी हवा फिर जगाती थी हमको
न था जिन्दगी में खलल
तुम ही मेरी पहली गजल!

इजहार-ए-वफा जब मैंने किया था
इकरार-ए-वफा तब तुमने किया था
हम तुम फिर ऐसे जुड़ने लगे थे
परिंदों के माफिक उड़ने लगे थे
ख्वाबों का बनाया एक महल
तुम ही मेरी पहली गजल!

मेरी अन्तिम अभिलाषा

द्यूत सा मैं कौंध सकूँ
अन्य का पथ आलोकित हो
कण-कण मिलाऊँ सलिल-पवन से
एक विश्व नया समेकित हो!

प्रेम, प्राप्ति में न कम्पन
भवसागर अनन्त निगमन
नीरव रुधिर भाव दमन
अति विषय कभी न सघन!

कनक-कनक के खन-क्षण से
भय-व्याप्ति सदा प्रतिकार रहे
मौन भरा सम्मोहन बिखरे
प्रकृति-जगत अकाट्य रहे!

स्वयं के बन्धन के पट खोल
एक लक्ष्य नया एक मग नवीन
प्रथम किरण ज्यों धरा उतरे
कर्मों में नित्य मैं मगन प्रवीण!